# FORTUITO

# LUCIANA WAINER

# FORTUITO

## El otro lado de la criminalización del aborto en México

Grijalbo

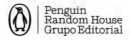

**Fortuito**
*El otro lado de la criminalización del aborto en México*

Primera edición: febrero, 2024

D. R. © 2024, Luciana Wainer

D. R. © 2024, derechos de edición mundiales en lengua castellana:
Penguin Random House Grupo Editorial, S. A. de C. V.
Blvd. Miguel de Cervantes Saavedra núm. 301, 1er piso,
colonia Granada, alcaldía Miguel Hidalgo, C. P. 11520,
Ciudad de México

penguinlibros.com

Edición a cargo de Karen Villeda
D. R. © 2024, Xanic Galván, por las ilustraciones
D. R. © 2024, Daniela Rea, por el prólogo

ISBN: 978-607-384-103-0
Impreso en México – *Printed in Mexico*

# ÍNDICE

# DEL DESEO POR NUESTRO CUERPO GERMINA LA IMAGINACIÓN POLÍTICA

Daniela Rea

*Fortuito*, el libro de la periodista Luciana Wainer, parte de una premisa aparentemente simple: rastrear cuántas mujeres han sido encarceladas por interrumpir su embarazo para abordar el tema de la criminalización del aborto. Este dato sería útil para poner sobre la mesa cómo nuestro cuerpo, que es nuestro primer territorio tangible, nuestro medio para existir, sentir, gozar, para vincularnos y participar políticamente, está en disputa; es vigilado, castigado y ocupado. La búsqueda por responder una pregunta en esencia simple nos reveló cómo el sistema judicial mexicano encuentra las formas para castigar a las mujeres que han tenido un aborto autogenerado, un aborto espontáneo, un parto prematuro o una emergencia obstétrica. Las castiga para decirnos, para convencernos de que este territorio que habitamos no es nuestro.

Mientras Luciana denuncia esa intención del sistema por cooptar nuestro cuerpo, también nos muestra cómo recuperarlo, nos recuerda cómo se pelea desde la imaginación política contra esa sentencia que cae como plomo, principalmente encima de las mujeres empobrecidas como Dafne, Susana, Aurelia, Malena e Imelda. Mujeres a quienes Luciana entrevistó y que generosas compartieron su historia, que casi todas vivieron solas, con miedo

9

y culpa, pero sobre todo en la oscuridad a la que la falta de acceso a sus derechos de salud y justicia las sumergieron; falta que no es casual, sino opera como un mecanismo de castigo.

Para luchar por nuestra libertad importa saber cuáles son las batallas que debemos dar. La pregunta de la que parte este libro tuvo que reformularse, porque al preguntar cuántas mujeres están presas por interrupción del embarazo la autoridad judicial responde que ninguna. No por casualidad el sistema engulle nuestras vidas, nos borra y al hacerlo niega nuestra existencia, las violencias vividas y las respuestas con que las mujeres intentamos continuar y resistir. Para saber cuántas mujeres están presas por abortar hubo que descubrir que las fiscalías y los jueces utilizan un montón de figuras legales para castigar —Verónica Cruz, activista por el derecho a decidir y directora de la organización Las Libres, las llama *delitos relacionados*—, que pueden ser homicidio, homicidio en razón de parentesco, filicidio, infanticidio u omisión de cuidados. Delitos que esquivan, nos explica Luciana en estas páginas, la despenalización del aborto en algunos estados y, lo más preocupante, que posibilitan castigos con penas de más de sesenta años. Una mujer que tuvo un aborto voluntario o accidental, como quienes aquí compartieron su historia, puede ser tratada y castigada como una persona condenadas a la prisión por hasta sesenta años. Y nosotras, nosotros, nunca enterarnos.

Es cierto que el cuerpo de las mujeres, nuestro primer territorio, está en disputa, pero no de la misma manera para todas. Las mujeres cuyas historias Luciana recoge en este libro son de escasos recursos, les han negado sus derechos más básicos como el de una vida sin violencia, a la salud, a la educación. Mujeres expuestas a un sistema de salud que antes de atenderlas las juzga y a un sistema penal que antes de darles justicia se desquita con ellas. Es el caso de Susana, una empleada de limpieza en unas oficinas en el estado de Guanajuato, que cuando tenía 19 años llegó al hospital después de una emergencia obstétrica y ahí, mientras el personal médico la atendía, la denunciaba también ante las autoridades judiciales que a las pocas horas acudieron al hospital a detenerla. Las denuncias que el personal médico hace al ministerio público, nos explica Luciana, no siempre son un castigo a la mujer, a veces es miedo a ser acusados o acusadas de cómplices por no denunciar un aborto, miedo a que opere contra ellas, ellos, el mismo sistema que somete a las mujeres. Al explicar esta diferencia, Luciana también nos muestra espacios de acción política: si hay miedo en el personal médico por el desconocimiento legal, entonces hay una oportunidad para capacitar, desmitificar y dar paso hacia la agencia del cuerpo de las mujeres. En ese sentido, este libro además de denuncia, también puede ser leído como una guía de posibilidades para agrietar al sistema que castiga y gobierna nuestros cuerpos.

Luciana desmenuza las historias de las mujeres y nos hace evidente que en cada una de ellas hay un cúmulo de violencias agolpadas en su cuerpos y su vida: violencia doméstica, violencia psicológica, violencia sexual, violencia obstétrica, violencia física. Un aborto elegido o un aborto espontáneo casi nunca son solo eso. Para cuando una mujer es detenida y apresada bajo el delito de "en razón de parentesco", su cuerpo ya ha vivido otras violencias, justo las que encauzaron su vida a este momento de castigo. Pienso por ejemplo en Imelda, de 42 años y oriunda del Estado de México. Luciana comienza la historia de Imelda en el momento en que su madre Zoraya la parió, siendo apenas una adolescente de 15 años abandonada por su familia, y esa historia avanza hasta la noche del 21 de febrero de 2005, cuando la pareja de Imelda la golpeó hasta hacerla sangrar. No era la primera vez que Imelda sufría violencia por parte de su pareja, incluso ya lo había denunciado ante el ministerio público, pues él retenía a los hijos de ambos si ella intentaba escapar de esa violencia. Imelda volvió para estar con sus hijos y en ese regreso quedó embarazada por tercera vez. El 21 de febrero, cuando fue golpeada brutalmente por su pareja, ella estaba embarazada y perdió al producto como resultado de esa agresión. Sin embargo, las autoridades la acusaron de homicidio en razón de parentesco, la encarcelaron sin darle atención médica y la condenaron a 45 años de prisión. Lo que la ley consideró un "homicidio en razón de parentesco", en realidad fue un aborto provocado por la golpiza que un hombre, su pareja y padre de sus hijos, le dio; hombre a quien nadie ha llamado a rendir cuentas.

En un país donde cada día mueren de manera violenta 10 mujeres, donde se les encarcela por vivir, gozar, decidir y padecer su cuerpo, los hombres pareciera que tienen impunidad garantizada por el pacto patriarcal. Luciana hace evidente cómo en cada historia el hombre responsable del embarazo se esfuma, se desentiende, abandona, maltrata, incluso se mofa porque se sabe impune. Él y todos. Luciana nos hace poner atención en ese pacto que se nos revela a través de la historia de Susana, en el estado de Guanajuato. "Yo le pregunté que cómo le íbamos a hacer y él dijo que hiciera como quisiera, que a él no le iban a hacer nada", le cuenta Susana a la periodista. Como nos dice, no hizo falta que la pareja de Susana tuviera conocimiento del sistema judicial, algo en la forma en que es socializado le hacía saber, sentir, intuir que él no tendría que rendir cuentas sobre ese embarazo. Es también el caso de Malena, una mujer de 32 años y madre de dos hijos, oriunda de un ejido en el estado de Baja California, que despertó una madrugada de otoño de 2015 por un dolor de estómago, el cual resultó en una emergencia obstétrica; Malena fue detenida y sentenciada a 18 años de prisión y a pagar una reparación del daño de más de 700 000 pesos a José, el progenitor, quien meses antes le había dicho que no se involucraría en el embarazo y que ante las autoridades dijo: "Yo tuve un noviazgo con Malena, pero terminamos porque era una relación explosiva. Ella después me dijo que no llegaba su regla y que qué íbamos a hacer y yo le dije que la iba a apoyar, pero no estaba seguro de que el hijo fuera mío y entonces ya no tuvimos contacto". Mientras el sistema judicial castigaba a Malena, al progenitor que no se hizo cargo de su responsabilidad, lo consideraba una víctima.

En *Fortuito*, Luciana acude a abogadas, activistas y acompañantas para entender y mostrar también las muchas formas de encontrarnos, vincularnos y organizarnos para garantizar la libertad de las mujeres. Lo vemos en la historia de Aurelia, una mujer de Guerrero, víctima de violencia sexual por parte de un policía de su misma comunidad, que quedó embarazada y que ante el temor y la vergüenza por el castigo social, su única opción fue huir de su comunidad. Una mujer víctima que huye para no ser castigada por haber sufrido un crimen. ¿Qué torcido es este sistema que castiga a una mujer víctima de violencia sexual? Fue en ese otro lugar de Guerrero, a donde huyó y tuvo un parto fortuito. Espantada,

Mientras desfallecía, Aurelia cortó el cordón umbilical con un cuchillo y escondió al producto. Con ayuda de una tía fue trasladada a un hospital a donde llegaron policías ministeriales y la esposaron a la camilla. Aurelia no hablaba español y fue sentenciada a 13 años de cárcel por homicidio en razón de parentesco. Entonces se activó una cadena de organización que buscó liberarla: un reportero que cubrió el caso, una ONG y sus abogadas que se enteraron y se hicieron cargo de su defensa, más los medios de comunicación que denunciaban la injusticia, periodistas acompañando de manera cercana, activistas que se sumaron a la exigencia de justicia, parteras, médicas tradicionales, madres de mujeres asesinadas o desaparecidas, mujeres que estudiaron su caso le dieron seguimiento, se enteraron y apoyaron con cuerpo y reclamos: "Nos sembraron miedo, nos crecieron alas", "¡El que debería estar adentro es su violador!", gritaban afuera del juzgado, mientras se esperaba el resultado de la apelación a la sentencia de 13 años de prisión para Aurelia. Después de meses, horas y minutos de acompañar, defender, exigir, Aurelia salió libre.

Además de expresar la lucha por nuestro cuerpo-territorio, de mostrarnos cómo el sistema judicial y sanitario cooptan nuestros cuerpos, de evidenciar el pacto patriarcal que mantiene impunes a los hombres, y de compartir cómo las colectivas y organizaciones de mujeres trabajan desde espacios institucionales —como la defensa judicial— hasta espacios libertarios —como las colectivas que acompañan abortos—, como lectora agradezco el gesto que Luciana tiene con nosotras al hacer evidente, también, de dónde viene su pensamiento, las ideas recogidas en este libro, las reflexiones. Como si fueran migajitas de pan que nos deja a lo largo de las páginas para encontrar el regreso o más bien el origen de sus ideas, Luciana nos cuenta, por ejemplo, de la periodista Dalila Sarabia, quien le compartió su experiencia acompañando la historia de Imelda, o de Scarlett Lindero, especialista en acceso a la información, que le ayudó a entender cómo debía rastrear. Sus referencias no solo son bibliográficas, sino que son fuentes vivas y reconocidas como parte de esa comunidad que nos confirma que no pensamos solas. Y que la imaginación política se activa cuando estamos con otras, pensamos con ellas, sentimos con ellas, nos indignamos con ellas y —lo escribo con una sonrisa en la cara— deseamos con ellas. Deseamos que Malena y todas las mujeres que permanecen encarceladas y cuyos nombres e historias desconocemos, sean libres.

Deseamos que estos cuerpos nuestros de veras nos pertenezcan.

# INTRODUCCIÓN

Nuestro cuerpo es el primer territorio tangible. Antes de que tengamos conciencia, antes de la idea y el sentimiento de pertenencia y antes de que tengamos noción de nuestros derechos, el cuerpo se nos impone como una realidad irrenunciable.

El cuerpo se transforma con los años, se vuelve arma, obstáculo, deseo, se muestra y se oculta, pero no nos abandona. Por eso lo pensé, desde el inicio, como el punto de partida de este libro. Margo Glantz —la escritora lúcida, la ensayista referente— escribió que el cuerpo de las mujeres siempre ha sido un campo de batalla, un campo de batalla ajeno a las mujeres. Un campo —hay que decirlo— en el que hemos perdido más de lo que hemos ganado. El derecho al voto, al trabajo, a tener una cuenta de banco, a manejar o a participar activamente de la política son avances que, al día de hoy, son incuestionables. Al menos parcialmente. Sin embargo, nuestro cuerpo, esa mezcla de huesos, carne, agua, sangre, que nadie se atrevería a cuestionar que nos pertenece, está legislado en nuestra contra. En el auge del capitalismo, donde la propiedad privada es la verdad última, nuestro cuerpo pertenece al Estado. O al marido, o al patrón, como se corea en miles de movilizaciones alrededor del mundo.

Fue por eso que, en 2018, comencé a pensar en la importancia de abordar la criminalización del aborto. Quizá hubo motivos

# FORTUITO

más simples que incluyen, por ejemplo, haberme pasado toda la adolescencia creyendo que podía ser madre joven por accidente o que la interrupción legal del embarazo era una de las pocas ideas políticas en las que mi mamá y yo siempre estuvimos de acuerdo. Porque, claro, cuando yo era joven —realmente joven—, el aborto ya era parte de la discusión pública. Pero cuando mi mamá lo era, allá por los años setenta, en el Gran Buenos Aires, no era tan fácil encontrar la información adecuada ni las redes de apoyo necesarias. Me la imagino asustada en la sala de espera. O desesperada, después de que aquel tipo le dijo que no sabía si el bebé era suyo, la hipócrita excusa tantas veces contada que las mujeres hemos sabido entender como "no me voy a hacer cargo", pero con edulcorante.

Yo nunca he tenido un aborto. Pero he acompañado a amigas o conocidas, de cerca o a la distancia, que abortaron, que tomaron decisiones sobre su cuerpo en países donde la ley lo prohíbe. La decisión es el primer paso, después está la trama de la ilegalidad, las miradas juiciosas del personal médico, los diálogos memorizados que hay que incorporar para repetir en el hospital o, si se tiene menos suerte, en el Ministerio Público (MP).

Ahora que he pasado de los 30, las historias cambian, pero las interrupciones siguen ocurriendo. En los últimos años, más amigas de las que quisiera contar han tenido abortos espontáneos en embarazos deseados. Con ellos viene el dolor, la angustia y un elemento que, en muchas ocasiones, se repite: la vergüenza. Un cierto dejo de pena, de secrecía, de cosas de las que no debería hablarse. Lo cierto es que los abortos son parte de la vida de las mujeres —de nuestras vidas— desde el inicio de los tiempos: es algo natural, biológico, irremediable. La criminalización —que hoy vivimos—, no la es.

# INTRODUCCIÓN

Yo no he abortado, pero he tenido un cáncer. Durante el tratamiento, sentí que mi cuerpo no me pertenecía, que el médico de bata blanca y sonrisa socarrona tenía más poder sobre mí que yo misma y que, sin importar lo que hiciera, se iba a llevar los aplausos. Durante meses me sentí ajena a mi cuerpo; me habían quitado un pedazo y habían metido manos, objetos, vendas, tijeras por mi vagina una y otra vez. Me había dolido hasta el llanto. Como en tantas otras ocasiones, había ocultado ese llanto en el baño del consultorio, me había dado vergüenza, me había sentido un objeto, me había enojado mientras veía cómo el médico dirigía su mirada a mi pareja en lugar de hablarme a mí, como si tuviera que disculparse por mi cuerpo defectuoso. El campo de batalla, del que habla Margo Glantz, estaba en mi casa, estaba en mi cama.

Entendí, entonces, que de la falta de autodeterminación sobre nuestros cuerpos parte un cúmulo de violencias. Por eso, experiencia directa o no, la batalla por la interrupción legal del embarazo nos pertenece a todas, nos incumbe a todas. Imaginaba, en aquel momento, que cientos, si no miles, de mujeres estaban encarceladas por el delito de aborto en las cárceles de México. Luego descubrí que lo que ocurría, en realidad, era mucho peor.

Cuando comencé la investigación sobre la interrupción del embarazo me encontré con prejuicios, lugares comunes, ideas arraigadas, organizaciones que no se organizaban, gráficas imposibles, mapas útiles, mujeres que luchan, hombres que luchan entre ellos. Me encontré, también (y puede que ese haya sido el verdadero origen de este libro, su puntapié inicial), con Verónica Cruz, abogada feminista, y la organización Las Libres. Así supe que las mujeres en México no estaban encarceladas por el delito de aborto: las mujeres estaban siendo sentenciadas por homicidio. Como si fueran asesinas.

# FORTUITO

Las historias que se relatan en este libro empiezan en un baño, continúan en una celda y concluyen en una batalla legal. A través de testimonios, entrevistas, cifras y expedientes, se reconstruyen las historias de Dafne McPherson, Susana Díaz Dueñas, Aurelia García, Malena Ramos e Imelda Fernández,[1] cinco mujeres que, después de tener una emergencia obstétrica, fueron acusadas de homicidio doloso u homicidio en razón de parentesco. Sus casos, como los de las otras 200 mujeres que se han podido documentar en México, permanecen en los límites de la legalidad, en los vacíos jurídicos que llenan las páginas de los códigos penales, lejos de los radares de los informes oficiales, lo que los convierte en indetectables o, lo que es peor, en invisibles. En estas páginas se intenta arrojar luz sobre ellas y sobre todos los elementos que continúan en la penumbra y perpetúan la criminalización.

---

[1] Algunos de estos nombres fueron cambiados para resguardar la identidad de las víctimas o de sus familiares.

# DELITOS RELACIONADOS

Las Libres es una asociación civil feminista fundada en el año 2000 que se dedica a la defensa, promoción y acompañamiento de mujeres y sus derechos. Mujeres guanajuatenses que luchan por otras mujeres dentro y fuera de su estado. Y, aunque el pilar básico de su organización es la defensa de los derechos reproductivos, Las Libres también ha acompañado casos de violencia de género, violencia intrafamiliar o violencia sexual.

La cara más visible de la organización es Verónica Cruz. No solo porque aparece en las entrevistas y en las conferencias públicas; también porque acompaña, en el sentido literal de la palabra, cada caso, desde el momento en el que llega a Las Libres hasta la última apelación. Labora los sábados, domingos y hasta feriados. Hace trabajo de escritorio y de análisis, pero su verdadera revolución ocurre en el trabajo de campo. Conoce a fondo las cárceles del estado, habla con las mujeres, lucha en los tribunales contra jueces y sentencias. En 2006, Verónica fue premiada por Human Rights Watch como defensora de derechos humanos, y cada vez que una mujer habla sobre su experiencia con Las Libres, la referencia siempre se vuelve personal: "Vero me sacó de la cárcel", "Vero me dijo que no firmara ese papel", "Vero fue la primera en llegar al Ministerio Público"; esas son las frases que se repiten una y mil veces en boca de mujeres que fueron criminalizadas en Guanajuato.

La primera vez que platiqué con ella fue una mañana de octubre de 2019, cuando todavía pensaba que la despenalización del aborto podría poner fin a todos los males. Del otro lado del teléfono, Verónica insistía en algo a lo que llamaba "delitos relacionados", y yo, entre sorprendida y confundida, intentaba entender a qué se refería. Hablaba rapidísimo. Saltaba de un ejemplo a otro y de una historia terrible a otra aún peor. Yo insistía en preguntar sobre las mujeres que estaban presas por interrumpir su embarazo y ella volvía, una y otra vez, a esos delitos relacionados. Verónica explicaba, luchando contra una marea de necedad: "Los delitos relacionados son todos aquellos derivados de un aborto autogenerado, un aborto espontáneo, un parto prematuro o una emergencia obstétrica, pero que las autoridades sentencian bajo el delito de homicidio, homicidio en relación de parentesco, filicidio, infanticidio u omisión de cuidados". La principal diferencia entre sentenciar a una mujer por aborto o hacerlo por homicidio es la pena. Mientras que el delito de aborto, a partir de la implementación, en 2016, del nuevo sistema de justicia penal en el país, no alcanza prisión (salvo en el caso de la pena máxima en Sonora, que contempla seis años), los delitos relacionados tienen condenas de hasta 60 años de cárcel. La segunda diferencia es que sentenciar de esa manera vuelve a las mujeres invisibles, imposibles de rastrear, presas de un sistema que las deja flotando en el limbo. "Deberíamos recorrer todas las cárceles del país y preguntarle a cada mujer cuál es su historia", agregó.

Entonces entendí.

Al menos una parte.

Cuando Verónica y su equipo empezaron a documentar los casos, de inmediato advirtieron que era una tarea que no iban a poder resolver solas. Ninguno de los dos lo recuerda con exactitud, pero fue entre 2008 y 2009 cuando Javier Cruz Angulo, doctor en Derecho y director de la Clínica de Interés Público del Centro de Investigación y Docencia Económicas (CIDE), y Verónica se conocieron. Recuerdan un Applebee's en Guanajuato y largas charlas sobre los límites entre aborto y homicidio, es decir, si el producto murió estando en el útero o fuera de él, si hubo intención o no la hubo. En ese momento, Javier se llevó varios expedientes y, junto con un equipo de abogados de la misma clínica, comenzó a analizarlos.

Más de 10 años después, mientras platicamos en una videollamada en plena pandemia por covid-19, Javier asegura que parte del problema para rastrear estos casos tiene que ver con la accesibilidad; historias que ocurren en lugares remotos, olvidados, peligrosos, de los que nadie puede dar cuenta, que casi nadie conoce.

"Imagínate", me dice. Yo intento imaginarlo.

"Uno de los casos que litigamos fue en Tlapa de Comonfort, en la sierra de Guerrero", prosigue Javier. "Hoy en día, las condiciones de seguridad del país no permitirían acceder a ese lugar, por lo que es imposible cerciorarse de que todas las mujeres están debidamente imputadas. En las bases de datos solo dice que alguien está sentenciada por homicidio en razón de parentesco con un familiar, pero no sabemos si se habla del marido, del primo, la tía o, en efecto, del producto de la concepción".

Caigo en la cuenta de que estas mujeres, que pasan cinco, 10 o 20 años en prisión, acusadas de homicidio, tienen características comunes: en general, son de escasos recursos, provienen de áreas rurales, son indígenas y tienen un nivel bajo de educación. En muchos casos, fueron víctimas de violencia dentro de sus comunidades o de su propio entorno familiar. Y, casi siempre, el mismo sistema termina por convencerlas de que sí son homicidas, de que eso es lo que merecen.

Y encontrarlas no es tarea fácil.

Para Verónica, uno de los problemas más graves es la falta de cifras. Entre 2010 y 2020, ella y el equipo de Las Libres han enviado cientos de solicitudes de información, pidiendo a los gobiernos estatales que les digan cuántas mujeres hay en esta situación. Las respuestas más recientes, que fueron obtenidas en 2018, indican que en nuestro país había 200 mujeres encarceladas por delitos relacionados con el aborto. Sin embargo, estas cifras deberían ser tomadas solo como una referencia, una estela de luz dentro de un mar de oscuridad, pues la respuesta más convencional a este tipo de solicitudes es: "Esta subprocuraduría no cuenta con una base de datos que determine dicho dato…", o bien, "Después de llevar a cabo una búsqueda exhaustiva en medios informáticos con los que cuentan estos órganos jurisdiccionales no se encontraron registros…". Es decir, no saben y no contestan. O saben, pero no quieren contestar, que en este caso es lo mismo.

Siguiendo el ejemplo de Verónica, yo también envié solicitudes a los poderes judiciales. Fueron 96 en un inicio. Tres por cada estado de la República. El objetivo era encontrar las palabras adecuadas y la formulación específica para que los organismos se vieran obligados a responder. ¿Cómo se piden las cifras de un delito que no existe? ¿Cómo especificar que aquellas mujeres que fueron sentenciadas por homicidio son, en realidad, víctimas de una emergencia obstétrica, un aborto espontáneo o personas que decidieron interrumpir su embarazo y luego las llamaron asesinas? ¿Cómo obligarlos a volcar en papel lo que por décadas han tratado de mantener en el limbo jurídico y la opacidad?

Empecé con lo burdo, lo evidente. En 2018 pedí las denuncias, sentencias y penas por el delito de aborto de los últimos 10 años. En esa instancia, las fiscalías respondieron con relativa prontitud; los documentos mostraban algunas denuncias, pero pocas sentencias. Y, si se revisaba caso por caso, la mayoría de las sentencias eran contra hombres; es decir, médicos que habían asistido el aborto u hombres que habían asesinado a mujeres embarazadas.

Por esos días platiqué también con Scarlett Lindero, periodista especializada en temas de género, quien había publicado un reportaje sobre el aborto en el medio digital *Cuestione*.[1] Nos mandamos algunos mensajes, luego tuvimos una charla telefónica. Cuando le conté lo que quería conseguir a través de la Plataforma Nacional de Transparencia, me dijo: "La clave está en poner que necesitas todos los delitos que se relacionen con la criminalización del aborto". Empecé de vuelta: 32 solicitudes de información, pidiendo todos los delitos relacionados con la criminalización. Y con la intención de aprovechar el trabajo, también pedí las versiones públicas de algunos de los casos. El resultado, sin embargo, fue similar al anterior. Las fiscalías de estados como Aguascalientes, Chiapas, Colima y Tamaulipas me volvieron a enviar las sentencias por aborto; otras, como las de Baja California Sur y Campeche, respondieron con el argumento más leído por los periodistas de este país: "No existe obligación de elaborar documentos *ad hoc* para atender las solicitudes de información". Es decir, si no lo tienen tal cual uno lo pide, no tienen obligación de hacer uno nuevo para responder a la solicitud.

---

[1] Raquel Prior y Scarlett Lindero, "Radiografía del aborto en México: así se castiga este delito estado por estado", *Cuestione,* 7 de abril de 2020. Disponible en: https://cuestione.com/nacional/radiografia-del-aborto-en-mexico-asi-se-castiga-este-delito-estado-por-estado/.

Aun así, las leyes mexicanas y los sistemas de acceso a la información del país son de los más avanzados de América Latina. Sergio López Ayllón, doctor en Derecho por la Universidad Nacional Autónoma de México (UNAM) e investigador especialista en acceso a la información y transparencia, escribió que el concepto de transparencia asociado con la gobernanza apareció en México, con la firma del Tratado de Libre Comercio de América del Norte, en 1994.[2] Se consolidó casi una década más tarde, en 2002, con la firma de la Ley Federal de Transparencia y Acceso a la Información Pública Gubernamental, durante el gobierno de Vicente Fox. Hace unos años, escuché decir a una de las personas que estuvieron en esa negociación que el presidente la había firmado sin saber a ciencia cierta las dimensiones de lo que estaba institucionalizando. Inmediatamente, otra persona aseguró: "La moraleja es que en México pasan cosas buenas a pesar de sus gobernantes".

Lo cierto es que casi 20 años más tarde, en pleno 2023, la Plataforma Nacional de Transparencia nos da a los periodistas y a la sociedad en general la posibilidad de pedir información pública a cualquier sujeto obligado y obtener una respuesta en un máximo de 20 días hábiles. Suena prometedor, y muchas veces lo es. Otras, los laberintos burocráticos y técnicos nos tienen dando vueltas en círculos durante meses. En ocasiones, incluso, la información incompleta, sesgada o francamente falsa tergiversa el sentido mismo de la transparencia, es decir, el derecho al acceso a la verdad.

En este caso, yo fracasé contundentemente con las solicitudes de información, pero la investigación seguía echando raíces. Fue entonces cuando conocí a Verónica Cruz y platiqué con Araceli

---

[2] "La transparencia gubernamental", UNAM, 2017. https://archivos.juridicas.unam.mx/www/bjv/libros/9/4319/19.pdf.

González Saavedra, directora de Equifonía, colectivo por la ciudadanía, autonomía y libertad de las mujeres. Así me fui enterando de casos de mujeres que habían estado en esa situación. Pensé, entonces, que tenía que ponerme en sus zapatos para que pudieran darme la información que estaba buscando. Si las fiscalías estaban empecinadas en comprobar que los abortos eran asesinatos de bebés, la mejor forma de preguntarles por esos casos no era hablando de criminalización ni de productos en gestación, sino usando su propia lógica. ¿Cuántas mujeres sentenciadas por homicidio hay cuya víctima tenga menos de 24 horas de nacida? La formulación de la pregunta era, a todas luces, una contradicción en sí misma. Tenía, además, algunos márgenes de error: en ese supuesto podían entrar casos que no fueran, en efecto, abortos o emergencias obstétricas. Pero funcionó, al menos en parte.

Aunque los resultados estaban muy lejos de ser completos o representativos de lo que ocurre en el país, demostraban que las historias de estas mujeres estaban ahí, esperando a ser encontradas, con características comunes que volvían sistémico el accionar de las fiscalías y de los ministerios públicos. En las respuestas a la última solicitud de información que hice en 2019, los poderes judiciales de Coahuila, Jalisco, Yucatán, Michoacán, Hidalgo y Baja California reconocieron que de 2010 a esa fecha había, al menos, 28 mujeres sentenciadas por delitos de homicidio, parricidio o infanticidio de productos en gestación o niños con menos de 24 horas de nacidos.

Entre todos estos casos estaba el de Dafne McPherson.[3]

---

[3] Esta historia está reconstruida a partir de entrevistas con Dafne, Édgar McPherson y Edna McPherson (padre y madre de Dafne); Maurizio Montes de Oca, periodista que cubrió el caso para el medio *Aristegui Noticias*, y la información contenida en el expediente judicial.

Dafne McPherson cerró la puerta de uno de los baños de la planta alta de la tienda departamental Liverpool, puso la traba y se tambaleó. Eran cerca de las seis de la tarde del 17 de febrero de 2015, en San Juan del Río, Querétaro. Mientras intentaba bajarse los pantalones sintió cómo los cólicos que había padecido durante toda la jornada se transformaban en hemorragia. Un dolor intenso aumentaba en su vientre y las baldosas del piso se teñían de sangre, que amenazaba con extenderse a los demás cubículos. No pasaron más de cinco o seis minutos cuando la puerta de los baños volvió a abrirse y se escuchó el sonido de unos pasos que se dirigían al cubículo contiguo. Eliana, dependienta de la tienda y compañera de Dafne, se sentó en la taza del baño y empezó a escuchar sonidos extraños. ¿Eran gases?, ¿gemidos?, ¿sollozos? El hilo de su pensamiento se interrumpió al oír la palanca del desagüe que se activaba. Al voltear, notó que el piso estaba cubierto de sangre y pudo ver cómo los pies de Dafne se movían, inquietos, por debajo de la puerta. Eliana salió corriendo del lugar, entre asustada y confundida, para pedir ayuda al jefe de prevención, Marcos.

Antes de cerrar la puerta, le pareció escuchar el llanto de un bebé.

Más tarde, Marcos les diría a las autoridades del Ministerio Público (MP) que, cerca de las 6:10 de la tarde, él dio aviso a la enfermera encargada del turno de la tarde en la tienda departamental, a la vez que le pidió a Lorena —otra compañera de Dafne que trabajaba como encargada de seguridad— que fuera a ayudarla al baño. En ese momento ocurrieron dos cosas de manera simultánea: por un lado, alguien —quizá Marcos o la enfermera que estaba a cargo— llamó a urgencias y pidió una ambulancia; por otro,

28

Lorena se encaminó hacia el segundo piso de la tienda, justo al lado de la sección de juguetería y calzado, para buscar a Dafne. A medida que Lorena se acercaba, empezó a escuchar ruidos. ¿Voces?, ¿llantos? Al no conseguir que le abriera la puerta, decidió subirse al sanitario del cubículo contiguo: desde allí pudo ver a Dafne sentada y recargada de lado contra la pared. En ese instante entró la auxiliar de enfermería de la tienda y le pidió a Dafne que la dejara entrar. Pasó un minuto. Dos. Tres. La música de ambiente que sonaba en el centro comercial se entremezcló con los pedidos de la auxiliar de enfermería, los sollozos, los gemidos y el murmullo de la gente que caminaba por las inmediaciones. Lo que se sabe es que por los baños del primer piso circularon al menos unas siete personas, entre las 6:00 y las 6:21 de la tarde. Cuando Dafne finalmente abrió la puerta, estaba pálida, sudorosa, aterrada y cubierta de sangre.

"Te juro que no lo sabía. Estoy embarazada, pero no lo sabía", alcanzó a decir antes de desmayarse.

Mientras esto ocurría en el primer piso de Liverpool, otros hechos —definitorios para el devenir de esta historia— acontecían afuera, en las puertas de esa mole gris de cemento, que bien podría parecer una bodega, una escuela o una institución pública de esas que abundan en la República mexicana. En su declaración ante el MP, Lorena dijo que la solicitud de la ambulancia se hizo con el servicio privado Beyen, por ser el más rápido y cercano. Sin embargo, los informes más tarde demostrarían que fue el propio personal de seguridad de Liverpool el que les negó la entrada a los paramédicos de la Cruz Roja, así como al personal de Protección Civil.

Lo cierto es que, según el reporte, a las 18:18 tres paramédicos de Beyen —Sara, Rodolfo y Manuel— ingresaron a las instalaciones para atender la emergencia. Sobre lo que ocurrió a continuación, la información es confusa. Se sabe que, entre el ingreso del servicio médico y el traslado de Dafne al hospital, transcurrieron 87 minutos. Se sabe, también, que para cuando los paramédicos sacaron al producto de la taza del baño, había pasado una hora desde su llegada.

En las declaraciones, Sara aseguró que las dimensiones del cubículo hacían imposibles las maniobras y que la única opción viable que se encontró fue convencer a Dafne para que saliera del baño, lo que les permitió actuar. Sin embargo, tres años después se demostraría que ni Sara ni Rodolfo ni Manuel ni la encargada de enfermería de Liverpool contaban con una cédula profesional que pudiera demostrar que tenían el entrenamiento suficiente para desempeñar tareas de paramédico. Al día de hoy —casi ocho años después—, ninguno de los cuatro cuenta con él.

Mientras Dafne era trasladada al Hospital General de la zona 3 del Instituto Mexicano del Seguro Social (IMSS), Edna, su madre, recibió una llamada en su teléfono celular. Era la enfermera sin cédula de enfermera. Le dijo que su hija se había sentido mal y que estaba siendo trasladada al hospital. Edna es una mujer que roza los 60 años, tiene el pelo oscuro, corto y rasgos afilados. Habla en voz baja, como si alguien estuviera siempre escuchando. Cuando llegó al hospital, caminó de un lado al otro por los pasillos, buscando a su hija. En eso se cruzó con la enfermera sin cédula de enfermera, quien le dijo:

—Dafne está mal, tuvo un bebé.

—¿Cómo?

—¿Usted no sabía que estaba embarazada?

En efecto, Edna no sabía. Había notado, sí, un incremento de peso en su hija en los últimos meses; sin embargo, esto era una constante en la vida de Dafne, quien había sido diagnosticada con un cuadro de hipotiroidismo el 25 de marzo de 2014; los síntomas eran aumento de peso, pérdida de conocimiento y vértigo. Meses después, el 31 de enero de 2015, una médica del IMSS volvió a atender a Dafne. En la nota médica que aparece clasificada como 1F1988OR en el expediente, se puede leer que, para ese momento, Dafne presentaba pérdida de cabello, sensación de falta de aire, taquicardias y un aumento de peso de siete kilogramos en un mes.

Fue por eso por lo que Edna no sospechó. Y por eso, también, el 17 de febrero de 2015, junto a la habitación del hospital en la que se estaba recuperando su hija, intentó, sin éxito, entender qué estaba pasando. La cabeza le daba vueltas. Para no preocupar a su esposo, quien se encontraba trabajando en la Ciudad de México, decidió no decirle nada en ese momento. Llamó a su hermana y se sentó a esperar.

Entretanto, la policía ya estaba avisada. Nadie sabe quién llamó, ni cuándo, ni por qué. En la mayoría de las denuncias por aborto que se dan en el país sucede algo similar: alguna enfermera o enfermero, algún trabajador social, alguna compañera o compañero de trabajo hace la llamada y pone en marcha el engranaje de la criminalización.

En un principio, la carpeta de investigación que abrieron contra Dafne fue por el delito de aborto. Tanto Edna como Édgar, quien ya había sido informado de lo sucedido, supieron de inmediato que tenían que buscar a un abogado. El elegido fue el conocido de un familiar, muy recomendado, me dijo Édgar McPherson, años después, mientras platicábamos en su casa, sentados frente a la mesa del comedor. Édgar es un hombre de unos 60 años, pelo cano, sonrisa fácil y con una cadencia en la voz como la de quien ha aprendido a esperar a que las cosas ocurran. Fue ese mismo abogado conocido de la familia y tan recomendado quien desaparecería seis meses después, al momento de la detención de Dafne, y les dejaría una deuda de más de 50 000 pesos y ningún resultado. Su falta de conocimiento era tal que ni siquiera se quejó cuando el delito de Dafne fue reclasificado como homicidio doloso: la diferencia entre una sentencia y la otra era de más de 10 años de prisión.

Durante décadas los gobiernos estatales y federal de México han declarado que el delito de aborto no suele juzgarse y que hay pocas o ninguna mujer en la cárcel por abortar. En septiembre de 2020, por ejemplo, en el marco de la implementación de la Ley de Amnistía —aprobada en abril de ese mismo año y que busca la liberación de personas sentenciadas por delitos no graves—, el entonces gobernador de Puebla, Miguel Barbosa Huerta (2019-2022), declaró que no había ninguna mujer presa en el estado por abortar.[4] Por su parte, Germán Wong López, quien fue secretario de Seguridad Pública de Baja California Sur desde 2018 hasta su destitución en 2021, también afirmó que no había mujeres privadas de la libertad por este delito.[5] El Secretariado Ejecutivo del Sistema Nacional de Seguridad Pública respondió, en una solicitud de información, que, al 30 de junio de 2020, solo había cinco mujeres encarceladas por el delito de aborto en prisiones estatales y cero mujeres en centros penitenciarios federales. También

---

[4] Víctor Gutiérrez, "En Puebla no hay mujeres detenidas por aborto: Miguel Barbosa Huerta", *Contraparte*, 15 de septiembre de 2020. Disponible en https://contraparte.mx/gobierno/41615-en-puebla-no-hay-mujeres-detenidas-por-aborto-miguel-barbosa-huerta.html.

[5] Alan Flores Ramos, "En BCS no hay mujeres en prisión por abortar: Wong López", *El Independiente*, 18 de noviembre de 2020. Disponible en https://www.diarioelindependiente.mx/2020/11/en-bcs-no-hay-mujeres-en-prision-por-abortar-wong-lopez.

señaló que había 115 hombres privados de su libertad en centros de reclusión estatales y federales, los cuales formaban parte del personal de salud que asistió en las interrupciones, así como hombres que asesinaron a mujeres que estaban embarazadas. Sin embargo, estos números no son representativos de la criminalización, ya que no toman en cuenta a todas las mujeres que tuvieron un aborto o una emergencia obstétrica y fueron condenadas como homicidas.

Dafne permaneció internada varios días tras la emergencia obstétrica ocurrida en el baño de Liverpool. Luego volvió a la casa que compartía con sus padres y su hija de cinco años, en San Juan del Río. No sé cómo fueron esos primeros días. Sé, sin embargo, que su padre, Édgar, volvió de Ciudad de México en el momento en el que se enteró de que Dafne había tenido una intervención médica. Sé, también, que, para finales de esa semana, las autoridades del MP les entregaron la necropsia del producto en gestación: *respiró*, aseguraron. Y con esa aseveración, el futuro entero de Dafne se vio comprometido.

¿Cómo llegan las autoridades a asegurar que el producto vivió fuera del útero? La prueba fundamental que se usa en América Latina es la docimasia pulmonar,[6] un método que comenzó a usarse a fines del siglo XVII —hace casi 400 años— y que consiste, básicamente, en sumergir los pulmones del recién nacido en agua para verificar si flotan o se hunden. Si el sistema respiratorio flota, los médicos aseguran que ingresó aire a los pulmones y, en consecuencia, que el producto vivió. En el siglo XX, sin embargo, la comunidad científica hizo investigaciones en las que se demostró que dicha prueba tiene un margen de error altísimo: el contexto

---

[6] Grupo de Información en Reproducción Elegida (GIRE), *Maternidad o castigo. La criminalización del aborto en México*, México, GIRE, 2018. Disponible en https://gire.org.mx/wp-content/uploads/2019/11/Maternidad_o_castigo.pdf.

en el cual se dio el parto, las condiciones *pre* y *post mortem* y la posible contaminación de los pulmones con bacterias son solo algunas de las circunstancias que pueden afectar el resultado de la prueba.[7] Sin embargo, los doctores Isaac Filisola y José David Daniel Trejo Sinecio, peritos en medicina legal presentados por la Fiscalía, decidieron practicar una docimasia pulmonar en el caso de Dafne. En el expediente se lee: "dice el doctor José David Daniel Trejo Sinecio [que] esa prueba es la comúnmente más usada, que los pulmones pueden flotar también por un proceso infeccioso, pero el doctor Isaac señaló [que] no se encontró ninguna burbuja fina que demostrase algún proceso infeccioso o descomposición [*sic*]". En el expediente también se hace referencia a la necesidad de estudiar el cordón umbilical y la placenta, pero ambos análisis se perdieron en el proceso. Desaparecieron.

Una vez hecha la necropsia, las autoridades reclasificaron el delito. La carpeta de investigación, que originalmente indagaba un aborto, se transformó en una carpeta de investigación por homicidio doloso. El primero contempla una pena de entre 1 y 3 años de prisión —que podían haber sido solventados con trabajo comunitario—; el segundo, de 7 a 15 años. Pero el abogado de Dafne no le advirtió de estas consecuencias. Estaba muy ocupado pidiéndoles efectivo: con 80 000 pesos podía hacer que pararan el caso, les dijo. Y aunque el dinero no sobraba en la casa de Dafne, el motivo para no entregar la suma que se pedía fue otro: la razón estaba de su lado. Si ella no había hecho nada, no tenía por qué

[7] Véase Gregory J. Davis, *Determinación de nacido vivo versus mortinato y consideraciones acerca de lesiones relacionadas al nacimiento*, Kentucky, Universidad de Kentucky, 2014; Jocelyn Viterna y José Santos Guardado, *Análisis independiente de la discriminación sistemática de género en el proceso judicial de El Salvador contra las 17 mujeres acusadas de homicidio agravado de sus recién nacidos*, Harvard, Universidad de Harvard, 2014.

pagar coimas ni participar del desafortunado ciclo de corrupción del país. En aquel momento, pensaron que la justicia iba a estar del lado de la razón; estaban equivocados.

San Juan del Río es la segunda ciudad más importante de Querétaro y está ubicada a unos 57 kilómetros de la capital del estado. En los últimos dos siglos, su crecimiento fue exponencial gracias a dos elementos fundamentales: la instalación de una de las vías de Ferrocarriles Nacionales de México en la última década del siglo XIX y el acelerado proceso industrializador que tuvo lugar entre 1960 y 1970. Para mediados del siglo pasado, la ciudad ya fungía como enclave industrial gracias a su posición geográfica, que le permitía el intercambio con Querétaro capital y, a la vez, ser una opción de vivienda menos costosa para quienes decidieran trabajar en la Ciudad de México. Édgar McPherson pertenecía al segundo grupo. Todas las semanas manejaba los 160 kilómetros que dividen San Juan del Río de la Ciudad de México para trabajar en una empresa de seguridad. Luego, los fines de semana, regresaba con su familia. Con su salario, más el dinero que Edna ganaba de las ventas de su negocio, estaban ahorrando para comprarse una casa que estuviera más cerca del centro, pues llevaban varios años rentando en la colonia La Peña, al oriente de San Juan del Río, un barrio de casas pequeñas que se extiende en la parte alta de la ciudad.

Antes de aquel fatídico 17 de febrero de 2015, Dafne tenía una vida tranquila. Vivía con sus padres, criaba a su hija de cinco años y trabajaba en el área de ventas de Liverpool. Había dejado la carrera de Pedagogía porque el dinero no alcanzaba, pero su plan no era desertar: tenía muy claro que iba a retomar los estudios en cuanto su situación se regularizara. El área de ventas era una experiencia nueva: antes de eso había trabajado como asistente educativa en guarderías y escuelas, su verdadera vocación; pero cuando vio que el dinero empezaba a escasear, no dudó en presentarse como vendedora en una de las tiendas departamentales más grandes del país. Eso le aseguraba un sueldo fijo y la posibilidad de retomar los estudios, porque la empresa aseguraba tener un programa en el que los trabajadores podían asistir a la universidad.

En la casa de Dafne nunca hubo carencias, pero tampoco derroche. El dinero alcanzaba para cubrir las necesidades básicas y, mientras sus padres ahorraban para comprarse una casa propia, Dafne solventaba sus gastos y los de su hija. Era una vida apacible. Una vida que rompía con los patrones que las organizaciones de la sociedad civil han encontrado en los casos de criminalización. Esta historia no transcurre en un pueblo alejado del estado; aquí no hay letrinas ni condiciones extremas de marginación. La vida de Dafne hubiera seguido como la de muchas de nosotras si no fuera porque tuvo un parto fortuito.

Fortuito: que sucede inesperadamente y de casualidad.

Parto fortuito. La noticia inesperada de un embarazo que se desconoce y del cual ningún médico pudo dar cuenta antes de que fuera demasiado tarde. Embarazo fortuito. La casualidad de que la emergencia obstétrica ocurriera justo en su horario laboral y no en su casa, por ejemplo, donde la Cruz Roja hubiera podido entrar de inmediato y atenderla. El imprevisible y terrorífico momento de sentir que una liga "se rompe" dentro de ti. Lo inesperado de descubrir que tus jefes y tus compañeros pueden ser los mismos que te acusan, días después, frente a un tribunal. Denuncia fortuita. Lo inesperado de encontrarte, de un día para el otro y sin haber cometido ningún delito, siendo juzgada como homicida. Lo impensable de ser acusada bajo el mismo delito que perpetra un hombre que le dispara a otro o que lo asesina a cuchilladas en la calle. Inesperado, casual, fortuito. Un parto fortuito.

La primera vez que Dafne me recibió en su casa fue el 1 de noviembre de 2019. Yo iba con Maurizio Montes de Oca, periodista que había hecho la cobertura del caso para *Aristegui Noticias* y que había ayudado a contactar a la abogada que sacó a Dafne de la cárcel años después: Karla Micheel Salas Ramírez, defensora de derechos humanos y directora del Grupo de Acción por los Derechos Humanos y la Justicia Social.

Para ese momento, Dafne llevaba 10 meses fuera, con una libertad recién estrenada que oscilaba entre la alegría eufórica y el miedo. Habíamos manejado varias horas por la carretera que conecta la Ciudad de México con Querétaro, nos habíamos pasado una salida, nos agarró luego un atorón de camiones y llegamos casi al atardecer. Lo primero que me sorprendió fue su amabilidad. Dafne, con su pelo castaño claro, sus ojos miel, su cara redonda y su piel blanquísima, nos ofrecía tamales verdes. Platicaba, sonreía, nos trataba con una cercanía inmerecida, una solidaridad desbordante. En aquel momento solo quería hablar de su liberación; mientras platicábamos, los niños y niñas del barrio, que estaban celebrando Halloween, corrían afuera de la casa, vestidos de brujas, momias y fantasmas. Adentro, nosotros hablábamos del verdadero terror, no el que se ve en las películas, sino el que se vive en el país. Sentados en la sala, encendimos la grabadora y Dafne comenzó a hablar. Una tragedia seguida de otra, una injusticia peor que la anterior, pero Dafne seguía sonriendo, ironizando. Una capa protectora ante el dolor, recuerdo que pensé.

Entre el parto fortuito en el baño de Liverpool y el ingreso a la cárcel pasaron seis meses. Durante ese tiempo, Dafne continuó con su vida; fue citada algunas veces en el MP —aunque nunca para dar su versión— y consiguió trabajo en una escuela. La investigación, mientras tanto, siguió su curso: declararon los compañeros de Dafne, sus padres y algunos otros testigos. No fue sino hasta el 28 de agosto de 2015 cuando el juez Manuel Villanueva Estrada dictó una orden de aprehensión por el delito de homicidio doloso.

—Fue una tarde que yo venía saliendo del trabajo —recuerda—. Mi mamá me había ido a buscar y cuando me metí al carro llegaron unos tipos y me dijeron: "¿Te acuerdas de lo que pasó en el Liverpool?". Entonces yo me quedé viendo a mi mamá y ellos dijeron: "Bájate, no hagas escándalo que ahí atrás viene tu hija".

En ese momento, Lena, la hija de Dafne, tenía unos 5 años. Mientras Dafne me cuenta el momento de su detención, una Lena casi adolescente da vueltas por la casa, sube y baja la escalera, pide permiso, cierra la puerta, se sirve un vaso de refresco.

—¿Y después qué pasó? —le pregunto.

—Me bajé del auto. Mi mamá llamó al abogado, pero no lo encontró. Entonces llamó a mi madrina. Pero a mí no me mostraron una orden de aprehensión ni nada. Iban vestidos de civil y me subieron a un auto civil… No tenían nada.

Los civiles en auto civil llevaron a Dafne directo a la Fiscalía del estado. Si tenían orden de aprehensión, no se la enseñaron. Solo le tomaron fotos, la revisó un médico y la mandaron al Centro de Readaptación Social (Cereso) de San Juan del Río, sin siquiera permitirle hacer una llamada. Cereso, prisión, cárcel, reclusorio, centro penitenciario. Tantos nombres para una sola realidad. Allí Dafne pasó la que sería su primera de muchas noches tras las rejas.

En el juicio, me dice Dafne, prefiere no pensar. Lo recuerda conmigo, frente a la grabadora, o con algún otro periodista que la haya entrevistado en estos años. A veces duda de cómo se dieron los hechos. ¿Primero estuvo el abogado de la familia y luego el abogado de oficio? ¿O fue al revés? En esos momentos me pongo alerta, hago anotaciones para contrarrestar las dudas con el expediente de 1 500 hojas que pasea en mi casa desde hace más de dos años; semanas en la mesa del comedor, meses en algún cajón, anotaciones, papelitos con notas, papelitos de colores como separadores. El expediente es parte del mobiliario de mi casa y hasta mis perros lo han aceptado con resignación. Pero ese día, mientras platico con Dafne, intentamos reconstruir el proceso judicial. Su padre, Édgar, ayuda: hace alguna corrección, agrega un dato, remarca alguna situación o lugar.

—Cuando me metieron a la cárcel, cortamos con el otro abogado porque no sabía nada. Él siempre dejó claro que yo era la que tenía que pagar, ni Liverpool ni nadie más que yo. En ese momento entró otro abogado, amigo de la familia. Pero estuvo bien poquito… Lo detuvieron mucho, no lo dejaron trabajar. El juez lo quitó en una audiencia antes de la intermedia. Allí me asignaron a los abogados de oficio, fue como en marzo de 2017; con ellos fui a juicio, pero no sabían mucho, tenían 15 días en el caso.

—¿Y cómo fue el juicio? —le pregunto.

Dafne suspira, como si le oprimieran el pecho. Por momentos parece que estuviera contando cualquier anécdota del trabajo o algo que le pasó a otra persona. En otros, hace un enorme esfuerzo por transformar en palabras aquello que se le acumula en la garganta, que se le enreda en el pensamiento, como si no recordara o prefiriera no recordar. Aun así, sigue.

—Yo no estuve dentro del juicio, me tuvieron en una sala aparte. Que por mi salud, según. Me pusieron una computadora para que escuchara y se suponía que yo podía estar en contacto con mis abogados en el momento que yo necesitara, pero no. Cada vez que quería decirle algo como que no… No veían la computadora hasta terminada la audiencia o, a veces, hasta el día siguiente. También se iba el audio, no se escuchaba, o se perdía la señal. La verdad es que no tuve un seguimiento. Se suponía que el juez tenía que ir a ver si yo estaba ahí, pero él jamás hizo acto de presencia.

Esas fueron solo algunas de las irregularidades que hubo durante el juicio. En los documentos, sin embargo, se pueden apreciar muchas otras. Desde la detención irregular hasta el proceso judicial cargado de prejuicios. Gustavo Acosta, juez que estuvo a cargo, dijo, por ejemplo: "El instinto de madre no se da solo en una mujer, sino en todo ser vivo. Esto es, precisamente, lo reprochable de esta conducta". Y en otra audiencia, agregó: "Ni un perro hace eso, ni una perra". Era julio de 2016 y, para ese momento, el juicio no parecía beneficiar a Dafne.

El *Protocolo para juzgar con perspectiva de género* elaborado por la Suprema Corte de Justicia de la Nación (SCJN) dedica un capítulo entero a los estereotipos. En este se apunta: "Aun cuando los estereotipos de género pueden atribuir cosas distintas en cada sociedad, existe una cuestión que es común en todas ellas: el tipo de atributos y roles que reconocen y adjudican a cada uno de los sexos es inequitativo, ya que obedece a un esquema de jerarquías que coloca al grupo de los hombres en una posición de dominación, y al de las mujeres y las minorías sexuales en una de subordinación". Más adelante, el mismo documento hace observaciones y recomendaciones, todas orientadas a juzgar con perspectiva de género. Pero eso no ocurre en todos los juzgados del país, ni siquiera en la mayoría.

Javier Cruz Angulo tocó el punto medular durante nuestra plática: "El lenguaje de los abogados y abogadas está diseñado para excluir al ciudadano de la justicia", dijo. Así de claro, así de simple, así de terrible. Y si ese ciudadano es, en realidad, una ciudadana, la justicia no solo se excluye en el lenguaje, sino que se filtra también entre las grietas de la desigualdad.

Las organizaciones EQUIS Justicia para las Mujeres y Grupo de Información en Reproducción Elegida (GIRE) han documentado decenas de casos en los que imperan los estereotipos y la falta de perspectiva de género en las sentencias. Por poner solo un ejemplo, anoto el caso de Graciela, quien, en 2017, le mandó un correo electrónico a la esposa del hombre con el que mantenía una relación extramarital para informarle que tenían un hijo y que el hombre se negaba a pasarle manutención. Como respuesta, el hombre demandó a Graciela por daño moral y el juez décimo cuarto de lo civil del fuero común de la Ciudad de México condenó a Graciela a pagar 50 000 pesos, ya que consideró que "no tenía ningún derecho a perturbar o invadir el estado civil conyugal".[8]

Los ejemplos abundan. En estas páginas encontraremos que todas y cada una de las historias que aquí se cuentan fueron, de alguna forma u otra, juzgadas sin perspectiva de género. Parte del argumento que usó el abogado de la Fiscalía para demostrar que en el caso de Dafne hubo dolo —es decir, intención— fue asegurar que Dafne no podía desconocer que estaba embarazada porque ella era madre y tendría que haber sabido cómo reaccionar.

[8] Fallo judicial de primera instancia, Tribunal Superior de Justicia de la Ciudad de México (TSJCDMX), noviembre de 2017.

La audiencia inicial del juicio oral en el que se vinculó a proceso a Dafne fue el 3 de septiembre de 2015. Esa fue la primera vez que declaró formalmente, la primera vez que el juez y los agentes del MP escucharon lo que Dafne tenía para decir. Meses después, Dafne ratificó su declaración:

"Yo solamente le quiero decir que yo no lo hice, yo no lo hice. Tengo una niña de seis años que no he visto en 10 meses y nueve días, que hablo diario con ella. Me parte el corazón porque nunca me había alejado ni un día de ella [...] solamente no supe cómo actuar, solamente me *shoquié* [*sic*], solamente tuve miedo, tuve miedo porque no sabía lo que pasaba, pero no le hice nada, no le hice nada a mi bebé".

Pero el juicio siguió.

Y siguió.

Y siguió.

Durante 10 meses, al menos 15 personas declararon ante el MP: tres trabajadores de Liverpool, tres médicos, tres policías, tres enfermeros de Beyen, Edna, Édgar y Dafne. El 29 de julio de 2016, a casi un año de la primera audiencia, a Dafne se le comunicó la sentencia emitida: 16 años de prisión y un monto de 332 250 pesos por reparación del daño, que debería pagarles a sus propios padres por ser los "abuelos" de la "víctima". A veces las comillas no alcanzan a dimensionar el absurdo.

En el expediente quedan asentados los desatinos: la víctima es una "recién nacida sin nombre", los padres de Dafne son los "ofendidos" y Dafne es la imputada.

—El día de la sentencia estaba presente. Nada más la escuché.

Eso fue todo lo que me dijo Dafne sobre esa tarde. Algunas cosas no necesitan de mayor explicación.

# PUERTAS ADENTRO

Dafne pisó la cárcel un jueves. La celda para indiciadas, que se convirtió en su primer contacto con el Cereso de San Juan del Río, fue su casa durante 15 largos días. Después fue trasladada a la zona común, donde el tiempo empezó a desvirtuarse, a medirse de otra forma. Los periodos en prisión no siguen las reglas del reloj; constituyen, invariablemente, un capítulo eterno, una etapa pendular que va y viene para siempre.

A cuatro años de ese día, sentada en el sillón de su casa, con los ojos llorosos y en actitud paciente, Dafne me cuenta sobre sus compañeras. Una mujer que fue sentenciada a 20 años de prisión por un homicidio que cometió su marido. Otra que estuvo cinco años en el penal acusada por una familia de dinero que, a fuerza de billetes e influencia, logró obtener una sentencia condenatoria sin una sola prueba que la sustentara. Una más que cumplía una condena por, supuestamente, haber matado a un hombre con un hacha que ella, con sus 48 kilogramos de peso, apenas hubiera podido levantar. Dafne me mira y se ríe. Yo intento sonreír, pero no lo logro. Pretendo fingir normalidad, simular que lo que me cuenta no me escandaliza y que conozco, al igual que ella, las injusticias que en este país son regla y no excepción. Fracaso, una y otra vez. Pero ella, por educación o empatía, no dice nada, aparenta no darse cuenta y continúa.

Las mujeres que son encarceladas en México tienen solo un 24 por ciento de probabilidades de obtener una reducción en su sentencia: 8 de cada 10 mujeres en situación de cárcel no consiguen que su abogado o abogada logre obtener un beneficio sobre el fallo judicial. Además, las mujeres tienen, en promedio, seis años más de pena que los hombres por haber cometido el mismo delito.[1] Y, según la Comisión Nacional de los Derechos Humanos (CNDH), el 70 por ciento de ellas son abandonadas por sus seres queridos mientras están en prisión. Pero el impacto diferenciado por género solo es la maximización de una injusticia que crece en el terreno de la desigualdad: 60.6 por ciento de las personas arrestadas manifestaron que las autoridades emplearon la fuerza física para detenerlas, y al 42.9 por ciento las amenazaron con la utilización de algún tipo de arma.[2]

Eso sí: una cosa son las cifras y otra la experiencia.

Entrar a una cárcel de México para visitar a un interno es una secuencia de acciones imposibles, una interminable lista de obstáculos dispuestos, con desinterés o perversión, para complicarles la vida a las familias. Los procedimientos varían según el centro penitenciario al que se acuda; lo mismo los días de visita y los objetos prohibidos. Sin embargo, en la mayoría de las cárceles se tiene que estar registrado como visita autorizada de la persona interna y lo que uno puede llevar consigo es nada o casi nada. En general, los objetos prohibidos dentro de la prisión son frutas, pinzas de depilar, revistas, periódicos, mapas, medicamentos, bolígrafos, alimentos, cobijas. Los visitantes no pueden llevar ropa beige, ni azul, ni negra. Tampoco zapatillas o zapatos con plataforma. Las mujeres no pueden llevar brasier con aros de metal y, en general,

---

[1] Reinserta, *Diagnóstico sobre la percepción del desempeño de la defensoría penal en México*, 2020.
[2] Instituto Nacional de Estadística y Geografía (INEGI), Encuesta Nacional de Población Privada de la Libertad (ENPOL), 2021.

la forma más fácil de cumplir con los requisitos es comprar la ropa que venden en los puestos informales que se instalan afuera de la mayoría de los penales durante los días de visita: negocios de gente en situación de pobreza que les vende a otras personas que viven en las mismas condiciones.

Ahora bien, si uno es periodista y quiere ingresar a una prisión con una cámara, todo empeora. El proceso puede tardar desde un mes hasta seis. Depende, una vez más, de la presión que se ejerza, lo insistente que uno sea y la arbitraria voluntad de quien reciba la petición. Lo primero es enviar una carta al director del penal, explicando los motivos de la entrevista: allí comienza el problema. Todo debe hacerse con el cuidado necesario porque una torpeza por parte de la periodista puede tener repercusiones contra la entrevistada, como un traslado no deseado o un castigo inmerecido. Una vez ingresada la carta, se debe llamar cada tres días; lo suficiente para que se acuerden de tu pedido, pero sin presionarlos demasiado para que sigan tomándote la llamada. En ese punto, es la persona en situación de cárcel quien tiene que entregar una carta manuscrita aceptando la entrevista. El lugar de recepción de dicha carta es un misterio. En una ocasión, los familiares de la mujer que se encontraba en el penal estuvieron 10 días dando tumbos: "Aquí no es, señora. Llévela a Oficialía de Partes". O, tal vez: "¡Híjole! Es que ya salieron a comer. Vuelva en dos horas". Otro día: "Aquí no podemos recibirle. Debería buscar al director penitenciario; vuelva el lunes". Uno pensaría que cuando la carta es entregada, el proceso llega a su fin. Pero no. La petición, entonces, ingresa a un comité penitenciario que sesiona, en general, una vez por semana. Allí se dirimen argumentos inaccesibles para los externos, valoraciones insospechadas. Si uno supera todas esas etapas del proceso, puede que le permitan ingresar al penal con una cámara. Puede, también, haber perdido el tiempo.

Por supuesto, todo esto, es decir, la parte periodística, es un ángulo insignificante en relación con el resto de los inconvenientes. La verdadera constante en las cárceles del país es el trato humillante que sufren los visitantes en la entrada: familiares, amigos y parejas que son obligados a desnudarse por completo o a hacer sentadillas, para demostrar que no llevan nada ilegal en el ano. En muchas ocasiones son ambas.

Con el paso del tiempo —años—, el conocimiento de los guardias de seguridad suele ser un elemento que juega a favor de las familias. A Édgar McPherson, por ejemplo, ya se le había hecho costumbre llevar tacos al pastor para Dafne. Se fue adaptando al ritual de quitarse la ropa, hacer las sentadillas, realizar largas filas afuera del penal cada domingo o cada miércoles. Pero llegó el día en que todo eso cambió. Un guardia nuevo hizo un descubrimiento trascendental a la hora de revisar al señor McPherson: el pastor tenía piña. Por excesiva proactividad, mala voluntad o alta intolerancia, el guardia decidió vetar al señor Édgar de la lista de visitantes y la familia tuvo que movilizarse con los conocidos y directivos del penal para poder volver a ingresar al Cereso. En las cárceles mexicanas, la voluntad es uno de los elementos más decisivos: puedes estar en la lista y que no te permitan entrar, puedes ir sin brasier y que te veten por llevar varillas imaginarias. De la misma forma, la mala disposición se transforma en una condena inapelable. Alguien dice "hoy no entra". Y punto.

Adentro, sin embargo, las reglas son más predecibles: para Dafne se reducían a no buscar problemas, pero tampoco dejarse intimidar. Los días transcurrieron entre manualidades con brillantina, trabajar doblando catálogos de venta de maquillaje y mirar

DVD en una salita del Cereso. Allí, me dice, se olvidaba del lugar en donde estaba, lograba pensar en otra cosa.

—¿Qué tipo de películas veías? —le pregunto.

—Miraba de todo… pero más las de comedia, para reírme un poco.

Al contarlo, Dafne no se ríe. Se queda viendo un punto fijo del piso.

Son siete hojas manuscritas. La letra apretada y redonda, como si hubiera sido trazada dentro de un espacio minúsculo, llena cada espacio del papel que alguna vez fue blanco. Los puntos son escasos, pero más lo son las comas. Por eso, leer esta carta es como comerse el mundo de un solo bocado, como si hubiera sido escrita en un grito: "3 de julio 2017. Hola mi nombre es Dafne Taniveth McPherson Veloz mi edad es de 28 años, soy hija unica", dice al comienzo.

Durante esas siete páginas, tupidas todas, Dafne ahondará en las circunstancias que la llevaron a donde estaba ese 3 de julio de 2017. Muchas de estas ya las sabemos. Otras complementan con detalles y escenas el entramado que cruza los hilos de los artilugios legales, las irregularidades de la Fiscalía y, como consecuencia, el sentir y las vivencias propias, en primera persona. Por ejemplo, en la página tres: "En cambio mis papás cuando yo salí del hospital fueron a que les fueran el cuerpo de mi bebe y les dijeron que tenían que entrevistarlos si no no podrían entregarles el cuerpo lo cual hicieron que declararan sin un abogado tambien les ofrecieron ayuda psicologica ya que yo era la agresora y los había dañado a lo que ellos se negaron y pidieron la ayuda para mí ya que yo la requería a lo que el mp se nego y ellos no aceptaron ser ofendidos".

O más adelante: "Después de que pasó lo de mi bebe no dormia, solo lloraba y no podía dejar de revivir ese momento el ir al baño me daba terror, no fui hasta después de 1 semana hacer del 2".

La carta, que ahora forma parte del amparo promovido contra la sentencia de Dafne en abril de 2017, llegó casi un año antes a manos del periodista Maurizio Montes de Oca. En ese entonces, Maurizio trabajaba como editor nocturno del portal *Aristegui Noticias*. Recuerda que era invierno, hacía frío y su jefe de información, Porfirio Patiño, le dio, como se dice en el gremio periodístico, el *tip*: una mujer injustamente encarcelada por un aborto involuntario. "En ese momento no le llamamos —como ahora sabemos que fue— un parto fortuito. Eso lo aprendí mucho tiempo después", cuenta Maurizio mientras se acomoda los lentes e intenta recordar los detalles, a más de cinco años de distancia. Maurizio ahora es mi compañero de trabajo en ADN40 y es uno de los periodistas jóvenes más solidarios y talentosos que conozco. Y, si bien su especialidad es el rastreo documental —como lo indica el tatuaje del mapa del Archivo General de la Nación que lleva en el brazo izquierdo—, Maurizio ha acompañado a víctimas desde que empezó a trabajar como reportero, cuando tenía 18 años. Quizá eso explica por qué después de haber reporteado el caso y escrito la primera nota que salió en medios de comunicación sobre el caso de Dafne, Maurizio volvió contactarse con Édgar McPherson: "Habían pasado varios meses, yo ya no estaba en *Aristegui Noticias*, y el señor McPherson me buscó. Nos vimos en unos tacos del Centro, sobre la calle Allende. Él me dio unos documentos y a mí se me ocurrió contactarlo con la abogada Karla Micheel Salas, a quien conocía de coberturas anteriores".

Karla Micheel Salas es una abogada feminista y activista por los derechos humanos cuya trayectoria habla por sí misma. Su defensa en el caso conocido como "campo algodonero", ante la Corte Interamericana de los Derechos Humanos (CIDH), es solo una de los cientos de defensas que ha llevado a lo largo de los años: muchos de estos fueron parteaguas para las víctimas, como el del multifeminicidio y homicidio de la Narvarte o el de Digna Ochoa. En definitiva, Salas es la abogada a la que la Fiscalía no quiere enfrentarse. Especialmente cuando se está cometiendo una arbitrariedad.

Maurizio tardaría meses en enterarse, pero este contacto fue el que permitió, el 23 de enero de 2019, la liberación definitiva de Dafne.

"Hay que ser justos", me dice Édgar McPherson una tarde de julio de 2021. "El amparo lo interpuso el abogado de Querétaro, pero todo el trabajo lo hizo Karla". El abogado de Querétaro es quien tomó el caso después de la sentencia. Según decía, recibía presiones constantes para que abandonara su intención de defender a Dafne. Nunca se supo de dónde venían esas presiones o, mejor dicho, nunca quiso decirlo. Pero aseguraba que lo amenazaban, que le marcaban en las noches, que le sugerían, como quien advierte de consecuencias fatales, que dejara todo como estaba. Llegó un momento en el que no aguantó más. Ahí fue cuando Karla tomó la defensa total del caso.

Ese amparo fue la primera victoria de Dafne. No hubo una reducción en la sentencia, pero sí una reapertura parcial del caso. La defensa, entonces, tuvo la posibilidad de aportar nuevas pruebas que incluían, por ejemplo, el dictamen de un médico ginecólogo explicando que los partos fortuitos no se pueden prever, así como la revisión de un médico psicólogo que dio cuenta del estado de *shock* en el que se encontraba Dafne al momento del accidente. Demostraron, además, que la Fiscalía no contaba con ningún elemento para asegurar que Dafne sabía de su embarazo y que ni los médicos que la atendieron ni los especialistas presentados durante el proceso estaban capacitados para realizar ese trabajo. En definitiva, no hubo dolo ni debido proceso. Es decir, no hubo delito.

Dafne fue liberada el 23 de enero de 2019. Esa mañana, el rumor de su liberación corría entre las compañeras como un huracán. Pero Dafne tenía miedo. Conocía, para ese entonces, la decepción que provocan las ilusiones rotas y las promesas incumplidas. Recuerda que regaló algunas de sus pertenencias —como suele hacerse cuando una interna deja la prisión—, pero recuerda aún más el resquemor que la acompañaba al entrar a la audiencia. Primero, escuchó la deliberación del juez. Una retahíla de argumentos y síntesis sobre lo presentado durante la reposición del juicio que, a oídos de Dafne, auguraban otro desenlace fatídico. Pero después, justo en el momento en el que creyó que todo estaba perdido, llegó la sentencia absolutoria. Dafne volteó a ver a su familia y todos, como en coro, empezaron a llorar. "Ya de ahí no me pararon", recuerda.

Los medios de comunicación más importantes reportaron la noticia: "Liberan a Dafne, joven acusada de homicidio por un parto accidental en Querétaro",[3] tituló el portal *Animal Político*. "Liberada una mujer que fue condenada a 16 años de cárcel por un parto espontáneo en México",[4] escribió *El País*. En las fotografías que tomaron los reporteros aquel día, se ve a una Dafne sonriente con lentes de sol y vestido a lunares. Más tarde, la casa

[3] https://www.animalpolitico.com/2019/01/dafne-mcpherson-libre-aborto-accidental-queretaro.
[4] https://elpais.com/internacional/2019/01/23/mexico/1548274965_758928.html.

de su madrina se convirtió en el punto de celebración que Dafne compartió con su familia, Karla y todo el equipo legal que la acompañó durante el proceso. Hubo tacos, brindis, risas y alegría. Pero cuando entró la noche, y el júbilo fue apaciguándose como una vela que se consume, la familia McPherson llegó a su casa. Esa noche, el Chevrolet Monza gris que había sido su principal aliado durante los años de trámites, viajes y visitas dominicales, dejó de funcionar. Como si el sistema mecánico automotriz pudiera entender el sentir de una familia entera, el Chevy leal de los años de ajetreo decidió, pasado lo peor, que era momento de descansar y ya no prendió. Esa noche Dafne volvió a dormir en su cama.

En México hay 15 centros penitenciarios federales, 248 centros penitenciarios estatales y 51 centros de internamiento para adolescentes. En total, la población penitenciaria del país asciende a 225 843 personas.[5] Mientras la cantidad de personas privadas de la libertad aumentó 5.4 por ciento de 2020 a 2022, la tasa de impunidad se mantuvo entre 90 y 98 por ciento.

¿Quiénes son, entonces, las personas que están siendo encarceladas?

Susana Dueñas Rocha,[6] una mujer morena, con los ojos grandes, el pelo tirante en una cola de caballo y la experiencia de quien lo ha vivido a flor de piel, me hace una lista breve: "Son personas pobres, que no tienen para un 'licenciado', que no pueden dar mordida. Esos son los que están presos", me dice. Y las estadísticas

[5] Secretaría de Seguridad y Protección Ciudadana, *Cuaderno de información estadística penitenciaria nacional I*, marzo de 2022.
[6] Esta historia está reconstruida a través de entrevistas con Susana; con Verónica Cruz, su abogada; con Javier Cruz Angulo, abogado que participó en su defensa, y el acceso al expediente sobre el proceso judicial.

lo sustentan. A todo aquel que no tiene para pagar un abogado privado, se le asigna uno de oficio. En 2019, por ejemplo, cada defensor público tuvo un promedio de 163 personas representadas.[7] Esta carga laboral tiene consecuencias en la eficacia del sistema de impartición de justicia: ese mismo año, solo 4 por ciento de las personas que contaban con un defensor público recibieron una sentencia, ya fuera condenatoria o absolutoria.

Antes de ingresar al penal de Puentecillas, Susana trabajaba en las oficinas de obras públicas de Pozuelos, Guanajuato, como personal de limpieza. Su niñez terminó pronto: a los 12 años le dijo a su madre que quería dejar la escuela y ponerse a trabajar. Y lo hizo. Ayudó a una enfermera en cuidados de adultos mayores, hizo labores de limpieza, trabajó en oficinas. Hizo todo lo posible para llevar dinero a casa y alejarse de los estudios que, según dice, nunca le han gustado. Pero a los 19 años su vida cambió por completo. Ese fue el principio de una sucesión de acontecimientos que la llevaron al hospital, a la cárcel y a la oficina del gobernador del estado. Exactamente en ese orden.

Los dolores comenzaron el jueves 4 de febrero de 2004 y se extendieron, principalmente, por el estómago y la espalda. Ese día Susana no fue a trabajar y se quedó en la casa que compartía con sus padres y tres de sus cuatro hermanos en la comunidad El Tinaco, en Santa Teresa, Guanajuato. Para María,[8] su madre, la preocupación llegó el viernes, cuando vio que su hija no mejoraba. En su declaración dirá que ese mismo día la llevó a la farmacia de la ciudad, donde el médico le diagnosticó una infección de estómago. A pesar de las medicinas, Susana no se recuperaba.

---

[7] México Evalúa, hallazgos de 2019.
[8] Algunos nombres de este caso fueron modificados para resguardar su identidad.

Hacia las 23:00 horas, María aún escuchó quejidos que venían del baño. Después, se quedó dormida.

Lo que sabemos de esa noche se reduce a la declaración de la familia y las hipótesis que el Ministerio Público arrojó semanas después. Aun con el expediente en la mano, la voz de Susana brilla por su ausencia. A través del expediente se puede reconstruir, eso sí, que esa noche tuvo un parto prematuro, un desgarro perineal, que el producto perdió la vida y que ella —sin saber qué otra cosa hacer— decidió ocultar lo que había ocurrido. Lo que me dijo Susana, cuando hablé con ella, es que estaba aterrada.

Para el sábado, su futuro ya estaba sellado. A las 6:45, Susana se encaminó a la parada del camión, como hacía todos los días, para dirigirse a la oficina de Pozuelos. Su jefa, a quien llamaremos Roberta, recuerda haberla visto pálida, adolorida y caminando con dificultad. "Le dije que se fuera a su domicilio y la acompañé a la parada del camión", declaró Roberta ante las autoridades. Lo cierto es que, durante los siguientes días, Susana padeció fuertes dolores. El lunes no fue a trabajar, pero el martes —orillada por la necesidad— se dirigió una vez más hacia las oficinas de obras públicas.

Al llegar ahí, Roberta le dijo que no podía trabajar en esas condiciones, que tenía que ser atendida por un médico. Sin pensarlo dos veces, ella y otro superior llevaron a Susana hasta el Hospital General de la subzona 10, donde comenzaron las preguntas, las revisiones, los estudios. Antes de que se diera cuenta, Susana ya estaba en la cama 7, siendo atendida por el desgarre y una infección subsecuente. Y, aunque no lo sabía, los ojos de la jefa de enfermeros estaban sobre ella. Más tarde, Melissa Ayala, abogada, feminista y coordinadora de litigio en GIRE, me dirá que muchas de las denuncias parten del miedo que tiene el personal de salud a estar cometiendo un delito.

"A veces", me explica con voz aguda y sonrisa ligera, "hay un reproche moral, pero hay otros [casos] en los que hay un desconocimiento, 'qué pasa si no doy el aviso', un desconocimiento absoluto de que existe el secreto profesional y que si una mujer llega con una emergencia obstétrica, no hay razón para dar aviso a las autoridades".

No sabemos si fue reproche moral o desconocimiento, pero, a partir de este momento, la información corrió rápido entre el personal del hospital. En el expediente, médicos y enfermeras refieren que alguien (un compañero, un superior, un trabajador) advirtió sobre la situación de Susana. Que si tuvo un parto en su hogar, que si tuvo un aborto, que si perdió un bebé, que si tenía cinco meses de gestación. Nadie abunda en su salud, pero todos están enterados de que algo ocurrió. "Un caso dudoso", asegura una de ellas, en su declaración. Y, ante la duda, deciden denunciar.

Los agentes del MP llegaron al hospital el miércoles. Ese día ocurrieron dos acontecimientos de manera simultánea y ambos fueron reflejo de la estructura que, desde lo más profundo del tejido social, criminaliza a las mujeres al tiempo que exculpa a los hombres. Mientras los agentes ingresaban a la habitación de Susana, María se dirigía hacia la casa de la pareja de su hija, con quien llevaba siete años de relación. Ella lo relata de esta forma: "Me presenté en el domicilio de Juan y le dije que mi hija estaba embarazada y que quería saber si él le iba a cumplir con casarse. Y me manifestó que tenía bastante tiempo que había tenido relaciones con mi hija y que quería pruebas de que el bebé que iba a tener era de él. Yo le pregunté que cómo le íbamos a hacer y él dijo que hiciera como quisiera, que a él no le iban a hacer nada".

Juan no había tenido ningún contacto con el sistema judicial y, sin embargo, sabía perfectamente cómo funciona: es una herencia milenaria, una confianza ciega e instintiva en el patriarcado. Y tiene razón. A él no le pasaría nada. Y cuando escribo *él,* en realidad estoy hablando de *ellos.* En plural y en masculino: a ellos nunca les hacen nada. Sus nombres jamás salen a relucir en las investigaciones relacionadas con abortos. O, lo que es peor, sus abortos, sus interrupciones de embarazo, se materializan como una forma de ausencia. Con eso basta. Irse un día a comprar cigarrillos y jamás volver, pedir pruebas de que el embarazo en curso o el niño en brazos sea suyo, dejar de pasar la manutención, no volver a responder el teléfono. Un aborto indoloro y con nulas consecuencias. Una interrupción de la paternidad que nadie cuestiona. Como ocurre en 11 400 000 hogares de México.[9]

Mientras Juan dejaba clara su postura con una sola frase, los agentes del Ministerio Público entraban en la habitación de Susana. De estos hechos han pasado más de 15 años y, sin embargo, mientras Susana me relata lo que ocurrió, su voz sigue llenándose de rabia. Es 15 de noviembre de 2020, estamos sentadas en una banca del parque El Cantador, en el centro de Guanajuato, y el bullicio nos acecha. Pasan turistas, mujeres con carriolas, parejas enamoradas, familias en plan dominical. En nuestra banca, sin embargo, el tiempo es otro y el aire está cargado de malos recuerdos. Susana cuenta que aquellos agentes le hicieron firmar una hoja vacía con la promesa de que ese sería el fin del proceso judicial, que nada iba a pasarle. El horror vino después, cuando le leyeron la confesión que más tarde vino a llenar ese espacio en blanco.

—¿Qué decía el papel? —le pregunto.

---

[9] Instituto Nacional de Estadística y Geografía (INEGI), Censo de Población y Vivienda, 2010.

—Hartas cosas bien feas. Y cuando les dije que yo no había dicho nada de eso, me respondieron que estaba mi firma, que esa era mi confesión: la firma fue lo que me perjudicó. Después, me llevaron al Cereso.

Esa hoja, escrita a mano por el policía ministerial, quedará en el expediente ocupando el lugar de lo que debería haber sido el testimonio de Susana. Un recuerdo documental de que, en este país, la justicia es el privilegio de unos pocos. No hace falta ser perito para ver las diferencias entre la caligrafía de quien firma y de quien escribe. Tampoco hace falta ser un monstruo para hacer caso omiso de las pruebas, porque en un sistema de justicia roto, la regla siempre es la arbitrariedad.

El 17 de febrero, Susana fue trasladada de la cama 7 del Hospital General a una celda sin número del penal de Puentecillas. El Cereso se encuentra en la carretera que comunica Guanajuato, la capital del estado, con la localidad de Puentecillas, un territorio con 1 047 viviendas cuyo grado de marginación puede medirse en servicios de higiene y sanidad: 2 de cada 10 no tienen sanitario o excusado, 2 de cada 10 no tienen drenaje, 2 de cada 10 tienen piso de tierra.[10]

Para Susana, la banda sonora de los años en prisión fue el ir y venir de los coches, algún bocinazo ocasional y el estruendo del metal impactándose contra un animal o contra otro auto, cuando había un accidente. Durante esos años, Susana desarrolló una nueva forma de adivinación, aquella que viene desde lo más profundo de la desesperanza: "Mañana comemos carne", aseguraba al escuchar el choque a través de los muros de la prisión.

---

[10] Instituto Nacional de Estadística y Geografía (INEGI), Censo Nacional de Población y Vivienda, 2020.

Cuando las demás internas le preguntaban por qué decía eso, ella respondía que los accidentes, en esa zona, siempre eran con cabezas de ganado y que la *vaca-víctima* que yacía sobre la carretera no podía sino convertirse en el plato que degustarían al día siguiente. Generalmente, tenía razón: al día siguiente, el menú incluía carne de res. El resto de su dieta se basaba en frijoles, jitomate y chile; sin embargo, para Susana todo sabía a lo mismo: comida desabrida, salitre y encierro.

Pero la comida no fue lo peor de la cárcel. Susana se refiere a aquellos años con una palabra que describe de forma transversal la situación en su conjunto: maltrato. "Yo recibí mucho maltrato", asegura. Mientras mira el cielo y se frota las manos, Susana enumera a las custodias, las otras internas, los altos mandos. Con particular enojo, recuerda el terror que le generaba que le encontraran algún objeto prohibido a alguna de sus compañeras de celda: entonces el castigo era parejo, para todas. Por eso Susana prefería estar sola sin convivir con las demás. Los primeros días fueron un mar de lágrimas, pero después, a fuerza de costumbre y resignación, las lágrimas dieron paso a la apatía y los días se llenaron de actividades cuyo objetivo principal era matar el tiempo antes de que el tiempo la matara a ella: bordar, pintar, hacer muñequitos de plomo, terminar la secundaria. Esperar a que algo pase, a que todo cambie.

El 17 de marzo de 2004 Susana, finalmente, pudo ampliar su declaración. En esta explica que, al momento del accidente, no supo qué hacer. Su padre ya le había dejado claro que no quería embarazadas en su casa y que, si esto ocurría, tanto ella como su madre tendrían que irse. "Yo no quería causarle problemas a mi mamá porque ella tiene más hijos". Pero cuando sintió que algo se rompió adentro y en el baño sobrevino el parto prematuro, intentó rescatar al producto de la taza, lo puso en el lavabo y, con la otra mano, utilizó papel de baño para detener su propio sangrado. Si hubiera nacido viva, dice, se hubiera ido a vivir con una amiga que era madre soltera. "Deseo manifestar que sí era mi intención tener a mi hijo o hija". Pero eso no ocurrió. A los cinco minutos se dio cuenta de que ya no respiraba. "No se movía, en ningún momento movió nada de nada", declaró Susana ante las autoridades.

El juicio duró nueve meses. Entre febrero y noviembre de 2004, fueron entrevistados familiares de Susana, compañeros de trabajo y diversos especialistas. Una vez más, lo que debía probarse para acreditar el delito de homicidio en razón de parentesco era intencionalidad y vida del producto fuera del útero, entre otras cosas. La primera nunca se probó. La Fiscalía utilizó algunos peritajes psicológicos hechos a Susana para asegurar que "estaba consciente de su embarazo y tenía la capacidad mental para comprender las consecuencias del mismo". Sin embargo, en el expediente también aparecen testimonios que aportan un ángulo diferente a la investigación, como el de la perita Hilda Elena Díaz. El abogado defensor le solicitó: "Que diga la perita atendiendo a que menciona en esta diligencia que el temor de Susana fue un factor determinante en su conducta desplegada el día de los hechos, si percibió o detectó que Susana tuviera la intención de privar de la vida al producto de su embarazo". "No, no había una intención de privar de la vida a la bebé", respondió la perita.

Los peritos médicos patólogos de la entonces Procuraduría General de Justicia del Estado de Guanajuato, sin embargo, aseguraron que el producto respiró. Primero, por la madurez del tracto respiratorio; segundo, mediante el mismo estudio hecho en el caso de Dafne, así como en tantos otros: la docimasia pulmonar. Es decir, la falacia de la prueba de la cubeta con agua.

El 30 de noviembre del mismo año llegó la resolución. Susana fue sentenciada a 25 años de prisión y a pagar una multa de 8 422 pesos. No hubo apelación que sirviera: no le rebajaron un solo año ni un solo mes ni un solo día. "Me mandaron a llamar y me dijeron que no, que no me habían bajado nada de la sentencia, que porque yo había firmado el papel", recuerda Susana. Sintió rabia, tristeza y confusión. Pasados los meses, se resignó: "Yo ya estaba resignada a estar ahí, porque no había quien me defendiera. El de oficio, pues, no hizo nada".

En la carpeta de investigación, el delito que se le atribuyó fue el de homicidio en razón de parentesco. Lo cierto es que Susana tuvo un parto prematuro.


En el caso de Susana, como en otros, las condiciones de marginación acrecientan la criminalización. Susana misma lo sabe; cuando estábamos despidiéndonos, le pregunté para qué le gustaría que sirviera su testimonio. Sin pensarlo, me respondió que espera que su voz ayude a que otras no se queden calladas, que no les pase lo mismo. "No porque seamos pobres no tenemos derechos", me dijo. Y aunque esa garantía está descrita en las leyes de diferentes maneras, en la calle las reglas son otras y la realidad siempre se impone.

Daniela Ancira, directora y cofundadora de La Cana —proyecto que trabaja con mujeres en prisión e impulsa la reinserción social—, es testigo de este escenario todos los días. En las prisiones del país, ha visto casos que, si no fueran reales, seguramente podrían pasar por un mal chiste: una mujer con discapacidad auditiva que jamás ha escuchado su sentencia o el delito por el cual la inculpan, otra que fue sentenciada a seis años de prisión por intentar robar un arroz con leche para comer y una tercera a la que le dictaron tres años de cárcel por robarse unos globos para el cumpleaños de su hija.

"Ya nada me sorprende", me dice Daniela a través de la pantalla de la computadora. Es una mañana de agosto de 2022. Por medio del Proyecto Libertad, el equipo de La Cana ha logrado la liberación de 16 mujeres que fueron injustamente encarceladas o que no habían tenido acceso a una defensa adecuada. Pero no se dan abasto. Organizaciones de la sociedad civil como La Cana, que terminan por suplir las carencias de un Estado fallido, trabajan en la defensa legal, acompañamiento psicológico o documentación de casos violatorios de derechos humanos. Las cifras que dan a conocer no necesitan mayor explicación. La Cana estima que 25 por ciento de las personas que son liberadas reinciden en actividades delictivas a consecuencia de la falta de programas de reinserción laboral.

Por su parte, México Evalúa, el centro de evaluación de la operación gubernamental, informa que en 2021 hubo un incremento del 27 por ciento de personas bajo prisión preventiva; se impuso de forma oficiosa en 3 de cada 5 casos. La organización Reinserta asegura que 4 de cada 10 mujeres en situación de cárcel no tienen acceso a consultas ginecológicas. EQUIS Justicia para las Mujeres afirma que 55.3 por ciento de las mujeres encarceladas por delitos contra la salud fueron acusadas por posesión simple. Y así hasta el infinito. Cada una de esas cifras requeriría un libro entero para dimensionarse. De lo contrario, se vuelven estadísticas abstractas, números que quedan flotando en el aire, como una nube de mal augurio.

Lo cierto es que, más allá de las cifras, hablar de aborto o de interrupción del embarazo o del derecho de las mujeres a decidir sobre sus cuerpos es hablar de muchas cosas distintas a la vez. Para empezar, habría que decir que se puede interrumpir un embarazo a través de una aspiración manual por vacío, un aborto médico o un legrado. Hace algunos años, le pedí a la doctora Suzanne Veldhuis, quien se encarga de dar capacitación a acompañantes de abortos seguros en casa con la colectiva SiempreVivas, que me explicara la diferencia.

Suzanne me dio la entrevista mientras su hija dormía en un rebozo que ella llevaba pegado al pecho. Detrás se veían los juguetes, varios muñecos y un móvil colgante. Empezó por aclarar que la aspiración manual por vacío es un procedimiento sencillo. Se introduce una cánula de plástico delgada hasta la matriz y, a través de una jeringa que hace vacío, se succiona el contenido. Una vez que el saco gestacional está afuera, el procedimiento se da por terminado: esto tarda de 5 a 10 minutos y se realiza con anestesia local o analgésicos.

En el caso del legrado, por el contrario, se usan herramientas de metal rígido para hacer un raspaje en las paredes. La Organización Mundial de la Salud (OMS) considera que este es un procedimiento obsoleto y solo lo recomienda en condiciones muy específicas. "¿Por qué en México se sigue practicando?", le pregunté a Suzanne. "Aquí hay mucha desinformación", me respondió, "hay resistencias y no lo enseñan en las carreras de medicina".

Estos métodos no son los únicos. La OMS define como "aborto médico" todo aquel que usa fármacos para poner fin a un embarazo. Hay dos tipos de medicamentos que pueden ingerirse para este procedimiento: el misoprostol y la mifepristona. El primero funciona solo y en combinación, mientras que la mifepristona solo puede usarse junto con el misoprostol. Si se administran en conjunto, los medicamentos tienen una efectividad de hasta 98 por ciento.

La mifepristona es un antiprogestágeno, es decir, va en contra de la función de la hormona progesterona, que es la que mantiene el saco gestacional —que luego será embrión— adherido a las paredes de la matriz. El misoprostol, por otra parte, genera contracciones que ayudarán a expulsar el saco gestacional: en el 94 por ciento de los casos, este proceso culminará antes de las 24 horas de la primera toma de misoprostol.

Suzanne —con su acento de español aprendido, su cabello rubio y una dulzura intrínseca— me explica que un parto es 14 veces más peligroso que un aborto. Pacientemente, como en una clase, describe los peligros a los que se enfrenta una parturienta, contra las complicaciones que pueden surgir en una interrupción. El problema, asegura, está en la ilegalidad: la mayoría de los accidentes se dan porque las mujeres no acuden a tiempo a los centros médicos en el caso de una complicación.

La cura, entonces, se vuelve más peligrosa que la propia enfermedad.

Si las mujeres no acuden a los centros médicos no es porque no quieran, es porque lo que buscan les ha sido negado. Como en el caso de Marion, a quien conocí en julio de 2021.[11]

Marion tiene el pelo por los hombros y una sonrisa amplia y generosa. El día que hablamos, se cumplía exactamente un año desde que había quedado embarazada; estaba feliz, era un embarazo planeado y deseado. Pero a las 12 semanas de gestación apareció una

---

[11] Parte de esta historia fue publicada en la revista digital *Eme Equis* en septiembre de 2021 en coautoría con el periodista Maurizio Montes de Oca.

primera alerta: en plena pandemia, Marion y su esposo ingresaron al consultorio de una doctora recomendada en una clínica aún más recomendada de la capital para hacerse un examen estructural.

Al ingresar, la doctora recomendada apenas los volteó a ver; movía papeles, revisaba expedientes y escribía en la computadora. "No toquen nada", fue lo primero que les dijo. Ambos se quedaron quietos y en silencio. Después de unos minutos, comenzó la revisión. Marion, al voltearse, tocó con el codo la pantalla del ultrasonido. "Por favor, que ya no toque nada", insistió con impaciencia la doctora recomendada. Marion la define con cuatro palabras: cero humana, cero empática. Al volver al consultorio principal, la doctora recomendada pronunció las palabras que uno jamás quiere escuchar en una consulta médica: "Algo no me gusta". Marion y su esposo se quedaron en silencio. La doctora prosiguió: "El mentón del bebé mide menos de lo que debería". No hubo más explicaciones. Apurándolos hacia la salida, les dijo que había que esperar al segundo examen estructural, que estuvieran tranquilos. Y los despidió.

Diez semanas más tarde, el segundo examen estructural arrojó un diagnóstico preocupante. El crecimiento del bebé, explicó otro doctor recomendado, mostraba severas complicaciones: no se había desarrollado el mentón, ni la mitad del brazo derecho. Además, los dedos de la mano izquierda estaban pegados y había una falla en el funcionamiento de una de las venas que llegaban al corazón. El futuro era incierto. No se sabía si el bebé podría sobrevivir al parto y, en el mejor de los casos, si su vida iba a depender de múltiples operaciones, así como de asistencia constante para necesidades tan básicas como alimentarse.

Al salir del consultorio, a Marion y su esposo la cabeza les estallaba. Caminaron, pensaron, lloraron, gritaron. Empezó, entonces, una carrera contra el tiempo; un frenético deambular por consultorios y hospitales, en busca de segundas, terceras y cuartas opiniones.

—¿Qué pensaban en ese momento? ¿Habían considerado interrumpir el embarazo? —le pregunté a Marion.

—Yo creo que sí. Los dos, en algún punto, lo habíamos pensado —respondió—, pero ninguno de los dos lo habíamos dicho en voz alta. Fue hasta una tarde en la que mi mamá vino a casa y ella puso el tema sobre la mesa. Ahí nos cayó el veinte.

En México, la interrupción legal del embarazo por malformaciones genéticas y grave daño a la salud es legal en 17 de los 32 estados del país. Ambas causales están contempladas en el Código Penal de la Ciudad de México. Pero el acceso al aborto, incluso en los casos amparados por la ley, no es sencillo. El primer problema es de índole temporal: las malformaciones genéticas suelen detectarse entre las semanas 18 y 22 del embarazo, al momento de hacer el segundo ultrasonido estructural, en el que se comprueba la estructura del feto, se miden sus extremidades, se calcula la cantidad de líquido amniótico y se observa la posición de la placenta. El segundo problema es una cuestión de interpretación, porque pasada la semana 12 la interrupción tiene que ser aprobada por un comité hospitalario de bioética. Y tiene que ser lo más rápido posible.

La conformación de estos comités depende de los reglamentos internos de cada hospital, los cuales, a su vez, responden a los lineamientos establecidos por la Comisión Nacional de Bioética. En los lineamientos se determina, por ejemplo, que el comité no puede suplir las funciones de los especialistas en salud y que se debe respetar y hacer prevalecer siempre la perspectiva del paciente. Lo cierto es que, en la práctica, es más bien un tema de suerte; puede que el comité siga los reglamentos al pie de la letra o puede que no, tal y como ocurrió en el caso de una niña de 13 años, quien, con el acompañamiento de su familia, solicitó un aborto por un embarazo producto de una violación; el comité del Centro de Alta Especialidad de Veracruz se lo negó. En definitiva, es un tema de interpretación. Y de voluntad.

—¿Fueron ustedes con el Comité de Bioética? —le pregunto a Marion.

—No, no llegamos a ir. Lo que nos explicaron varios doctores es que los casos que suelen pasar en los comités son aquellos en los que el bebé se va a morir en cuestión de minutos o segundos después del parto, los que no tienen cerebro o no tienen piel; todos los demás no pasan. Es un volado… Y el problema es que si el comité te dice que no, ya no hay forma de interrumpir. Decidimos no arriesgarnos y buscar otras opciones.

Cuando Marion dice "otras opciones" habla, en realidad, de que fue orillada a recurrir a la clandestinidad.

La doctora María de Jesús Medina, especialista en bioética y jurisprudencia médica con quien hablamos en 2021 advierte, también, que numerosos comités de bioética fueron entrenados por personal de la Universidad Anáhuac, fundada por la congregación de los Legionarios de Cristo y encabezada, durante más de seis décadas, por Marcial Maciel. Si uno consulta, a modo de ejemplo, una de las publicaciones sobre bioética de la universidad,[12] encontrará que en ella se sostiene que, con la despenalización, el aborto ha adquirido una "banalización" que lo ha convertido en

---

[12] José Manuel Madrazo Cabo *et al.*, "El impacto de la despenalización del aborto en la mortalidad materna en México", en *Medicina y Ética*, vol. 31, núm. 1, 2020, pp. 91-115. Disponible en https://publicaciones.anahuac.mx/bioetica/article/view/157/98.

una forma de anticoncepción, y que han ocurrido "miles de muertes de embriones (hombres y mujeres) al año". Nada más alejado de la ciencia, nada más cerca del prejuicio.

Fue en este contexto que Marion decidió recurrir a un médico particular. Recuerda que fue en un consultorio a más de dos horas de su casa. Recuerda los dolores y algunos miles de pesos que tuvo que pagar. En plena "ciudad de derechos" y a pesar de que su caso estaba amparado por la ley, la clandestinidad y el silencio fueron su única opción. Además del duelo.

—¿Crees que hubiera sido distinto si te hubiesen dado acceso a la vía legal? —le pregunto hacia el final de la conversación.

—De por sí, uno siente culpa. Y hacerlo a escondidas es peor. Además, corres un gran riesgo. Hacerlo de forma legal me hubiera hecho sentirme acompañada y mejor. Además del dolor, no hay por qué sentir que uno está cometiendo un crimen.

Con Marion hablé por última vez en junio de 2023. Aquella ocasión me contó que, a partir de su experiencia, se había especializado en tanatología y dirigía un grupo de apoyo a familias y mujeres. Impulsaba, además, un paquete de reformas conocidas como Ley de cunas vacías, que busca el acompañamiento psicológico para madres con pérdidas perinatales o gestacionales, protocolos hospitalarios y permisos laborales para familias en esta situación. Al momento de la publicación de este libro, las reformas fueron aprobadas por el Senado, pero aún esperan ser discutidas en la Cámara de Diputados.

# EL CASO GUANAJUATO

Para entender cómo fue que a Susana Dueñas la exoneraron y liberaron del penal de Puentecillas en Guanajuato, hay que remontarnos a las leyes que se modificaron en la Ciudad de México en 2007.

A simple vista, podría parecer una relación forzada, pero, al revisar la cronología de los hechos, se comprende que la historia de los derechos reproductivos y sexuales de las mujeres ha sido un ir y venir entre adelantos y retrocesos. La constante, sin embargo, es un paso adelante por otros para atrás. Una lucha incansable entre quienes buscan garantizar esos derechos y quienes se aferran, con uñas y dientes, a coartarlos.

La legalización del aborto en la capital del país fue una conquista para los grupos feministas y los activistas por los derechos humanos, quienes pudieron impulsar la agenda en el momento político adecuado y con las condiciones dadas para que el proyecto fuera aprobado. Pero el sistema siempre se defiende. La reacción generalizada de los gobiernos locales más conservadores fue blindar las constituciones de sus estados para impedir que la reforma permeara las demás legislaciones del país. Guanajuato, donde Susana fue condenada, estuvo dentro de esta lista. Y su historia, inevitablemente, se relaciona con los movimientos políticos y sociales que se dieron durante aquellos años. Empecemos, si es que eso es posible, por el principio.

A pesar de que ciertos grupos, particularmente académicos y feministas, han impulsado la legalización del aborto —entre otros derechos de las mujeres— desde fines del siglo XIX, el primer antecedente de la reforma de 2007 ocurrió entre 1999 y 2000.

Después de 70 años, la derrota del Partido Revolucionario Institucional (PRI) en las elecciones de 2000 sentó nuevas bases político-institucionales[1] e instaló la idea "de que México había llegado al punto culminante de su transición democrática y que se abría la puerta para que el país viviera, por fin, lo que por tanto tiempo se había demandado: una democracia sin adjetivos".[2]

Con Vicente Fox en el poder y con Rosario Robles como jefa de Gobierno de la capital, tanto el Partido Acción Nacional (PAN) como el Partido de la Revolución Democrática (PRD) habían ganado terreno en el escenario político. Por primera vez en la historia una mujer estaba al frente de la ciudad —en sustitución de Cuauhtémoc Cárdenas, del PRD, quien renunció al cargo para buscar la presidencia de la República—. Robles supo capitalizar esas circunstancias.

En 1999, además, tuvo lugar el caso que ocupó el eje del debate público y desencadenó la discusión sobre el aborto: Paulina Ramírez, una niña de 13 años de Mexicali, Baja California, fue violada en su domicilio y, a pesar de estar protegida por la legislación del momento para interrumpir legalmente su embarazo, al acudir a los centros de salud fue hostigada y acosada. El personal médico y las autoridades estatales torturaron a Paulina y a su madre mostrándoles videos explícitos de maniobras abortivas, proporcionándoles información falsa e inexacta y llevándolas con un

---

[1] María Amparo Casar, "Las bases político-institucionales del poder presidencial en México", en *Política y Gobierno*, vol. III, núm. 1, 1996, pp. 61-92.
[2] Jo Tuckman, *México, democracia interrumpida*, México, Debate, 2013, p. 12.

sacerdote, quien les dijo que la interrupción del embarazo sería causa de excomunión. Finalmente, Paulina y su madre tuvieron que desistir de la petición. Esta historia fue retomada por medios de comunicación y líderes de opinión. La sociedad, como quien despierta de un eterno letargo, pidió justicia para Paulina.

Los tiempos estaban cambiando. Por un lado, las elecciones de 2000 iban a iniciar una nueva etapa en la vida política de México. Por otro, la televisión vivía un auge de libertad editorial que había detonado la discusión masiva sobre temas históricamente relegados, a pesar de su estrecha relación con el poder, presente desde el inicio. En Televisa, Carlos Monsiváis recordó un debate sobre la interrupción legal del embarazo en el programa *¿Y usted qué opina?*, y dijo: "¡Seis horas de discusión sobre un tema antes inmencionable y en 'el canal de la familia mexicana'! [...]. De golpe, el término indeseable (aborto) se enuncia con naturalidad porque el contexto no son los dramas individuales, sino la tragedia colectiva".[3]

El contexto era el ideal para que la jefa de Gobierno impulsara y lograra la aprobación de la llamada "ley Robles". Esta reforma tuvo dos propósitos principales: aumentar las causales para la interrupción legal del embarazo y disminuir las penas a mujeres y médicos que hubieran estado involucrados en el proceso. En el primer caso se agregaron las causas de malformación congénita del producto, riesgo de vida de la madre e inseminación artificial no consentida. En el segundo, se disminuyó de 5 a 3 años la pena máxima por el delito de aborto.[4]

La ley Robles fue aprobada el 18 de agosto de 2000 por la Asamblea Legislativa del Distrito Federal (ALDF) con 41 votos a

---

[3] Carlos Monsiváis, "De cómo un día amaneció Pro Vida con la novedad de vivir en una sociedad laica", en *Debate Feminista*, vol. 3, 1991, pp. 83-85.
[4] *Idem.*

favor, siete en contra y una abstención. Y si bien un grupo de asambleístas del PAN presentó una acción de inconstitucionalidad ante la Suprema Corte de Justicia de la Nación (SCJN), esta les fue denegada. Sin saberlo, esta acción fue uno de los antecedentes que hicieron posible la legalización en 2007: la resolución de la SCJN determinó que la Constitución sí defendía la vida desde la concepción, pero había excepciones, tales como la malformación genética del producto, la inseminación artificial no consentida y la violación, por lo que se ratificaron las reformas aprobadas el 18 de agosto.

En 2003 se hicieron nuevas modificaciones a la Ley de Salud y al Código Penal del Distrito Federal, y, de estas, tres fueron determinantes. En primera instancia, se estableció un plazo de cinco días para que las autoridades del entonces Distrito Federal llevaran a cabo la interrupción legal del embarazo a las mujeres que lo requirieran y estuvieran dentro de los supuestos permitidos por la ley.[5] En segunda, se eliminó la responsabilidad penal por el delito de aborto. Por último, se reguló la figura de "objeción de conciencia" para las y los médicos. Esta modificación resultó particularmente importante, pues las experiencias anteriores demostraban que, a pesar de tener una orden judicial en la que se autorizara la ejecución del procedimiento, la objeción de conciencia era usada para impedir el ejercicio del derecho de las mujeres. A partir de esta reforma, las instituciones de salud estuvieron obligadas a contar con personal que pudiera practicar el procedimiento. Fue precisamente en ese momento que los vaivenes políticos y las condiciones sociales empezaron a propiciar los cambios que vinieron a continuación.

---

[5] Norma Ubaldi Garcete, *El proceso de despenalización del aborto en la Ciudad de México*, México, GIRE, 2008, pp. 18-21.

Después de las elecciones de 2000, la fragmentación del poder hizo que el PRI enfrentara, en 2006, un fuerte rechazo de los votantes, a consecuencia de una "mayor deslegitimación de las prácticas autoritarias sobre la forma de ejercer el poder".[6] Los dos candidatos que iban a la cabeza de las encuestas eran Andrés Manuel López Obrador, de la coalición Por el Bien de Todos (PRD, Partido del Trabajo —PT— y Convergencia), y Felipe Calderón, del PAN. El resto es historia conocida: el 2 de julio, Calderón ganó las elecciones con un margen de 0.58 por ciento; López Obrador aseguró que hubo fraude electoral y, aunque la controversia escaló hasta el Tribunal Federal Electoral, la última instancia terminó validando el triunfo del panista.

Independientemente de las discusiones que suscitaron las irregularidades del proceso electoral y el conteo posterior de votos, el resultado tuvo como consecuencia una renovada desconfianza por parte de la ciudadanía y un nuevo presidente electo con un déficit de legitimidad. El mismo año fue elegido el jefe de Gobierno del entonces Distrito Federal. A diferencia de la elección federal, la votación local fue clara: la victoria la obtuvo Marcelo Ebrard, del PRD, con 46 por ciento de los votos y una amplia mayoría en la ALDF. Sin embargo, hubo otro partido que, aunque no contó con una gran fortaleza electoral, fue pieza clave en la legalización del aborto: Alternativa Socialdemócrata, fundado en 2006 y presidido por Patricia Mercado.

Desde el inicio, Alternativa Socialdemócrata incluyó en sus promesas de campaña la interrupción legal del embarazo. El PRD, por su parte, no se había pronunciado directamente sobre la materia, pero tenía consignada la maternidad voluntaria dentro de su Declaración de Principios.[7]

---

[6] *Idem.*
[7] *Idem.*

La tensión política entre el gobierno federal y el del Distrito Federal se sumaba a la inconformidad derivada de las irregularidades en la elección presidencial y dejaba a Felipe Calderón con una necesidad imperiosa de legitimarse como presidente de México.

Mariana Winocur, quien fuera coordinadora de comunicación social de GIRE, aseguró que la verdadera discusión pública sobre el aborto comenzó el 10 de marzo de 2007, con una publicación del periódico *Reforma* en la que se destacaba en la portada: "Planean hacer legal el aborto".[8] La nota hizo que el debate cobrara relevancia entre la opinión pública y alertó a los grupos conservadores que se oponían a la interrupción legal del embarazo, pues aseguraba que el dictamen estaba listo, a pesar de que la ALDF seguía discutiéndolo.[9]

En la ALDF había, en realidad, dos iniciativas. Paradójicamente, el primer proyecto presentado provino de Tonatiuh González, del PRI. Sin embargo, González no contó con el apoyo de su partido, además de que su iniciativa contenía dos aspectos que dificultaban su aprobación: proponía hacer un referéndum ciudadano y eliminaba la figura de objeción de conciencia, con lo que se castigaría con cárcel a los médicos que se negaran a realizar el procedimiento.[10]

La otra propuesta era la de Alternativa Socialdemócrata: en esta se mantenía la figura de objeción de conciencia, se permitía el aborto hasta las 12 semanas de gestación, se reducían las sanciones para las mujeres que interrumpieran el embarazo después de las 12 semanas y se proponía modificar la Ley de Salud para dar información y apoyo a las mujeres.

[8] *Idem.*
[9] *Ibid.*, p. 63.
[10] *Idem.*

"Si bien la discusión estuvo en todas partes, el debate tuvo fuerte presencia en la radio, la prensa y la televisión", escribió Ubaldi Garcete.[11] Tanto la discusión dentro de la ALDF sobre los proyectos como la que se dio en los días posteriores a la aprobación del dictamen tuvieron, pues, una fuerte presencia en los periódicos del momento: por un lado, estos daban seguimiento a las discusiones al interior de las sesiones, en las que se presentaron científicos, médicos, sexólogos y sociólogos; por otro, publicaban columnas de opinión que reflejaban las posturas de un lado y del otro.

Leticia Bonifaz, doctora en Derecho y experta en derechos humanos y derechos de las mujeres, estaba al frente de la Consejería Jurídica y de Servicios Legales del entonces gobierno del Distrito Federal. Ella fue una de las piezas fundamentales para lograr la legalización. Hoy, a más de 15 años de aquellos días que cambiaron para siempre la vida de las mujeres en la capital, Bonifaz asegura que fueron tres los factores que permitieron la reforma.

"Fue una conjunción: por un lado, era una lucha histórica del movimiento de mujeres", me dijo Bonifaz por teléfono una mañana de abril de 2021. "Por otro, hubo voluntad política del entonces jefe de gobierno de la ciudad, Marcelo Ebrard, que, aunque no lo había colocado él como propuesta de campaña, tenía un gran capital político y sabía que en la Ciudad de México un alto porcentaje de las personas apoyaría la decisión. Luego sobrevino la traducción jurídica, es decir, lograr que en la Asamblea Legislativa de entonces, en la cual se tenía una mayoría cómoda, se llegara al consenso".

El 24 de abril de 2007, en la ALDF se votó y se aprobó la reforma al Código Penal y a la Ley de Salud del Distrito Federal. Miles

---

[11] *Idem.*

de mujeres festejaron en las calles, mientras que decenas de periodistas trabajaban contrarreloj para dejar listas las notas que aparecerían el 25 en la mañana en las portadas de los periódicos.

La interrupción legal del embarazo se transformó así en una realidad para millones de capitalinas. El caso de Paulina Ramírez, que alcanzó la Corte Interamericana de Derechos Humanos en 2002 y culminó en 2005 con un reconocimiento por parte del gobierno de Baja California sobre las violaciones a los derechos humanos que había sufrido la adolescente, sentó un precedente para el tratamiento jurídico del aborto.

El gobierno del estado, entonces, tuvo que pagarle a Paulina una suma de dinero como reparación del daño y asumir los costos de la educación de su hijo. Sin embargo, como ya se ha dicho, el sistema se defiende. Lo que significó un avance en la agenda de derechos reproductivos para las mujeres de la capital y una revolución simbólica en el ángulo desde el cual se cuenta la historia se transformó paulatinamente en reformas restrictivas en otros estados de la República y acciones de inconstitucionalidad que buscaban echar abajo la legalización en la capital del país.

Paradójicamente, fueron la propia Comisión Nacional de los Derechos Humanos (CNDH) y la entonces Procuraduría General de la República (PGR)[12] las que presentaron la acción de inconstitucionalidad ante la Suprema Corte de Justicia de la Nación. La sentencia dictada el 28 de agosto de 2008, sin embargo, validó la norma. Con ocho votos a favor y tres en contra, una mayoría de ministros y ministras determinó que la legalización de la interrup-

---

[12] Ahora Fiscalía General de la República (FGR).

ción del embarazo en el Distrito Federal era constitucional. Esta resolución había sido sumamente mediática y ampliamente discutida en diferentes ámbitos públicos, pues se transformó en el referente jurídico máximo en la materia.

Olga Sánchez Cordero, quien participó de la votación, me explica, con parsimonia, a más de 10 años de la resolución: "Los ministros son propuestos por el presidente. Yo pertenezco a la novena época, la época de [Ernesto] Zedillo, en donde prácticamente todos los ministros eran sumamente liberales y progresistas, a pesar de sus edades. Porque había ministros que se incorporaban a la Corte a los 70, 70 y tantos años. Pero era una Corte muy consolidada".

Lo cierto es que esa fue una de las primeras sentencias relevantes en materia de interrupción del embarazo en el máximo tribunal de justicia. Pero, paralelamente, grupos conservadores y eclesiásticos impulsaron reformas en el ámbito local. Estas reformas, que se desataron en 2008, buscaban "blindar" las constituciones locales para obstaculizar futuros intentos de legalizar la interrupción del embarazo e impedir que se ampliaran las causales legales en el resto del país.[13]

GIRE documentó tales reformas en el informe *Maternidad o castigo*:[14] Morelos y Baja California fueron los primeros en cambiar su constitución. En 2009, se sumaron Colima, Sonora, Quintana Roo, Guanajuato, Durango, Puebla, Nayarit, Jalisco, Yucatán, San Luis

---

[13] Alma Beltrán y Puga, "La jurisprudencia constitucional sobre el aborto en México", en Paola Bergallo, Isabel Cristina Jaramillo Sierra y Juan Marco Vaggione (comps.), *El aborto en América Latina. Estrategias jurídicas para luchar por su legalización y enfrentar las resistencias conservadoras*, Buenos Aires, Siglo XXI Editores, 2018, pp. 57-78.

[14] Grupo de Información en Reproducción Elegida (GIRE), *Maternidad o castigo. La criminalización del aborto en México*, México, GIRE, 2018.

Potosí, Oaxaca y Querétaro. En 2010 fueron Chiapas y Tamaulipas y, por último, en 2017, se reformó la Constitución de Veracruz.

Todas estas maniobras legales buscaban frenar cualquier intento de avance en favor de la legalización de la interrupción del embarazo y pusieron en alerta a organizaciones de la sociedad civil que trabajaban a favor de los derechos sexuales y reproductivos de las mujeres.

En ese contexto nació, en Veracruz, la organización Equifonía, que, junto con otros colectivos del país, creó la Red de Acompañamiento Integral para apoyar a mujeres que quisieran interrumpir su embarazo, con el objetivo de garantizarles la información adecuada y darles un acompañamiento transversal, es decir, en materia de salud, apoyo psicológico e información. La Red también sirvió para brindar apoyo jurídico en casos de violencia en contra de las mujeres y violaciones a los derechos reproductivos.

Todo esto era lo que ocurría en el campo político y social del país mientras Susana veía pasar los días desde su encierro. Los tiempos en prisión jamás quedan asentados en los expedientes judiciales, pero son de las primeras experiencias que salen a la luz en las entrevistas. Invariablemente, la plática vuelve, una y otra vez, a ese punto, a ese periodo que marca un paréntesis, la dicotomía en la que la realidad se divide para siempre: se está afuera o se está adentro. Por eso recuerdo perfectamente lo que Susana me respondió cuando le pregunté si había hecho amigas en prisión.

"No, en el penal no hay amigas", dijo, categórica. "Hay compañeras". Aunque Susana no lo mencionó —ni yo me atreví a preguntarlo—, esta frase reflejaba la forma en la que vivió siete años en el penal de Puentecillas: desconfiando hasta de su sombra, tratando de pasar desapercibida, sin ánimo de echar raíces en un lugar en el que solo se encargan de talar sueños. Pero, después de esa frase a la que seguiré dándole vueltas durante días, Susana también me contó la historia de cómo conoció a Verónica Cruz, la directora de la organización Las Libres. No sé si a aquello se le pueda llamar suerte, pero en una ocasión, en 2006, Susana compartió celda con Araceli Camargo y, como en un espejo, encontraron que sus historias partían de un mismo hecho, de una misma injusticia.

Araceli había sido trasladada desde el Cereso de San Miguel de Allende, con una condena de 26 años por el delito de infanticidio a cuestas. A los 18 años había tenido un aborto espontáneo en la letrina de su casa, en la ranchería La Grulla —un paraje que las notas de aquel momento describen como "un pueblo fantasma donde la mayoría de los hombres se han ido a Estados Unidos"—,[15] y, tras un juicio en el que se falsificó una confesión, el juez Carlos Alberto Llamas Morales la sentenció.

"Con Araceli era con la que platicábamos", recuerda Susana, "porque cuando empezó a contarme su historia y yo la mía dijimos: 'No manches, estamos en la misma situación'. Entonces nos juntábamos a platicar más y más. Pensábamos que nunca íbamos a salir, sabrá Dios". No fue Dios, pero sí Verónica. Porque en alguna de esas charlas catárticas y desesperanzadas salió el nombre de la abogada, de la "licenciada" que estaba ayudando a Araceli y que sería, a fin de cuentas, una de las personas más importantes en el litigio que, años más tarde, sería conocido como "caso Guanajuato".

Y es que, mientras esto ocurría en una celda del penal de Puentecillas, Verónica, desde el centro del estado de Guanajuato,

---

[15] Jaime Avilés y Carlos García, "Tras el aborto, el primero que le dio la espalda a Araceli Camargo fue su hermano", *La Jornada*, 10 de agosto de 2010. Disponible en: https://www.jornada.com.mx/2010/08/10/sociedad/037n1soc.

comenzaba a crear un mapa de lo que, entonces, fue un nuevo modo de operar del Estado para criminalizar a las mujeres: "Yo empecé a hablar de este tema en el movimiento [feminista] porque en 2002 conocí a Araceli", me dijo Verónica una tarde en un bar de Guanajuato. "El hecho de que haya una mujer significa que puede que no sea la única. Al mismo tiempo, la autoridad decía: 'Nunca hemos usado el delito de aborto', pero en mi cabeza algo no hacía clic. Si es un delito que no se usa, ¿por qué lo contemplan?".

Ese ejercicio cartográfico, que rastreaba a mujeres injustamente encarceladas por delitos asociados al aborto, le llevaría a Verónica, junto con las demás integrantes de Las Libres, unos ocho años de trabajo. Ocho años de recorrer las cárceles, de preguntarles a los gobiernos una y otra vez la misma interrogante: ¿cuántas mujeres hay presas por algún delito asociado a la interrupción del embarazo?

Después de encontrarlas, cuando lo hacían, tenían que entrevistarse con ellas; conocer a su abogado o abogada, ingresar a la prisión, ganarse su confianza y, por último, hacerse cargo de su defensa e intentar demostrar, en lo jurídico, lo que a todas luces era evidente en los demás terrenos: tener una emergencia obstétrica o un parto prematuro no es sinónimo de ser homicida.

Durante esos años, Verónica conoció a Araceli y, poco a poco, a las demás: Ana Rosa, Liliana, Yolanda, Bonifacia, Ofelia y Susana. En el trayecto, Las Libres y la organización Human Rights Watch publicaron el informe *Víctimas por partida doble*,[16] en el que enumeraban los obstáculos que había en México para acceder al

---

[16] Human Rights Watch, *Víctimas por partida doble*, marzo de 2006. Disponible en https://www.hrw.org/legacy/spanish/informes/2006/mexico0306/.

aborto: falta de información pública, demoras ilegales, obstruccio-
nes jurídicas y estigmatización.

El caso se fue armando a cuentagotas. En gran parte porque cinco de las siete mujeres estaban recluidas en el mismo
penal, el de Puentecillas, y la información empezó a correr de
boca en boca: "Verónica puede ayudarte", decían. Entonces, Las
Libres hicieron lo que muchos otros hacen cuando nadie escucha: recurrieron a los medios de comunicación. La presión vino
por partida doble: la mediática y la jurídica. Además del acompañamiento individual que les brindó Verónica, junto con la clínica de interés público del CIDE, Las Libres y otras organizaciones
feministas presionaron para que se reformara el Código Penal de
Guanajuato.

Susana nunca había dado una entrevista antes, y el contraste
era brutal: pasar de una celda en el penal de Puentecillas al estudio de la periodista Adela Micha. A los reflectores, las maquillis-
tas, las preguntas y la imponencia de la cámara hay que sumarles
el miedo. Porque cuando todo eso se desvanecía y las luces se
apagaban, Susana y sus compañeras tenían que regresar al penal,
con las mismas guardias, los mismos horarios, la misma vulnerabilidad que las rodeaba en esa tierra de nadie, a merced de quienes sienten, quizá por única vez en su vida, que pueden ejercer
el pequeño coto de poder que les ha sido asignado sin ningún
tipo de restricción. ¿Qué pasaría si denunciaban los malos tratos? ¿Qué consecuencias tendría exhibir lo que se vive en las cárceles del país en televisión nacional? Susana no lo sabía. Y, aun
así, siguió adelante.

"El día que hablé con Adela le dije todo, hasta cómo nos tra-
taban en el Cereso. No me importaba si nos iban a castigar. Y al
final no nos pasó nada, no sé si no se dieron cuenta o qué pasó.

Pero llegamos y hasta fuimos bien recibidas", recuerda Susana. Algo se estaba resquebrajando. Meses atrás hubiera sido impensable romper el silencio que sostiene la precariedad de las prisiones. Es una trampa perfecta; mientras estás adentro, es mejor quedarse callada y no hacer alboroto, porque cada acción tiene consecuencias en el día a día: menos comida, más gritos, nuevos castigos.

Ese sistema, sostenido por el miedo, perdura en la conciencia de los que están recluidos incluso cuando salen. No dura para siempre, pero sí lo suficiente para permitir que la maquinaria se sostenga en el tiempo. Para el momento en el que alguien se decide a hablar, si es que esto ocurre, es probable que ya sea demasiado tarde y nadie tenga interés en escuchar.

Quizá por eso algunos de los casos que llegan a los medios de comunicación tienen un desenlace que se acerca a la justicia. Son la excepción que amenaza con romper el sistema y, por eso, como se corea en miles de manifestaciones, el miedo cambia de bando.

Por un instante, las autoridades temen a las televisoras, a los periódicos, a las víctimas que están dispuestas a denunciar los atropellos que se han ejercido en su contra. Así ocurrió en el caso Guanajuato.

Una mañana de agosto de 2010, el entonces gobernador de Guanajuato, Juan Manuel Oliva Ramírez, del PAN, se presentó en el penal de Puentecillas e invitó a desayunar a las mujeres.

Había meseros, flanes, gelatinas, pasteles, jugos de naranja. "Éramos las reinas del penal", dice Susana. Aunque también recuerda que no se le antojaba nada, porque sabía que después de todo lo que había ocurrido, ahora, de pronto, las autoridades querían convencerlas de que eran sus aliadas.

Para ese momento, la batalla estaba ganada. La presión mediática era insostenible y hasta la Oficina del Alto Comisionado para los Derechos Humanos de las Naciones Unidas había enviado recomendaciones al gobierno guanajuatense, pidiéndole que atendiera la situación de las mujeres encarceladas. Finalmente, el 7 de septiembre entró en vigor la reforma al artículo 156 del Código Penal del estado de Guanajuato que habían impulsado desde Las Libres. Eso significaba, entre otras cosas, que las autoridades tenían la obligación de liberar a las siete mujeres.

"Fue al día siguiente. Ya nos habían avisado que íbamos a salir, pero no le podíamos decir a nadie, ni siquiera a nuestras familias. Estábamos todas juntas, nerviosas", rememora Susana. Su nerviosismo estaba justificado. Las reformas que obligaban a liberar a las siete mujeres habían logrado disminuir la pena por homicidio en razón de parentesco de 25 años de prisión —que hasta ese momento era el mínimo— a tres, lo que permitía liberar a todas las mujeres que llevaran más de tres años encarceladas. Pero había una que no cumplía con ese requisito: Ana Rosa.

Ana Rosa, originaria de Dolores Hidalgo, Guanajuato, fue engañada por un agente del MP después de haber tenido un aborto espontáneo. "Si firmas este papel, yo te doy mi palabra de que no te va a pasar nada. Firmamos los dos, y te vas a tu casa", le dijeron. Sí, era el mismo *modus operandi* que habían empleado con Susana.

A partir de ese momento, las autoridades, convencidas de la culpabilidad de Ana Rosa, incluso antes de revisar tan siquiera los hechos, la persiguieron, criminalizaron, juzgaron y condenaron a 29 años de prisión por homicidio en razón de parentesco. Pero cuando llegó la reforma al Código Penal, Ana Rosa llevaba dos años presa y las autoridades no sabían qué hacer.

"Ellos no la querían dejar adentro, porque sabían que, si no salíamos todas, iban a volver las protestas. Decían: 'Dejamos a una y estas nos tumban la cárcel'", explica Susana, esbozando una sonrisa tímida. Hubo negociaciones, llamadas, nerviosismo e incertidumbre. Fueron horas de tensión para las mujeres que estaban adentro y para las que estaban afuera.

La respuesta llegó en las primeras horas de la tarde: el año que le quedaba por cumplir a Ana Rosa fue intercambiado por trabajo comunitario en el centro de salud de su colonia. Entonces, varias camionetas llegaron hasta las puertas del penal. Las autoridades querían evitar el contacto con la prensa, que desde muy temprano se había dado cita en los alrededores.

Yolanda, una de las liberadas en el caso Guanajuato, sin embargo, los desafió y salió caminando con el puño en alto. Los medios de comunicación reportaron que gritó: "¡Soy libre porque soy inocente! ¡Se me hizo justicia!".[17]

Conocí a Susana un domingo de noviembre de 2020, cuando su arresto y posterior liberación formaban parte del pasado. Hacía unos días había cumplido 10 años en libertad.

Los recuerdos regresaban a ella en oleadas, como una corriente incontenible que por momentos se desborda y por momentos se retrae. Y es que el oficio de la memoria es un trabajo arduo, doloroso. Jorge Luis Borges escribió que la memoria es igual de prodigiosa que la adivinación del futuro: algo de eso hay en estas charlas.

[17] Carlos García, "Liberan a siete guanajuatenses encarceladas por haber abortado", *La Jornada*, 8 de septiembre de 2010. Disponible en https://www.jornada.com.mx/2010/09/08/estados/031n1est.

O, para decirlo mejor: frijoles con sabor a salitre y visitas dominicales que, aunque han quedado atrás en el devenir cronológico de la vida, regresan una y otra vez en forma de testimonio o de pesadilla. Susana, aquel día, respondió a todas mis preguntas. Me dijo que lo hacía para ayudar a otras, a las que están adentro, las que no se han atrevido a hablar o, peor aún, no tienen a nadie a quien contarle su historia. Dice, también, que no le gusta salir.

"¿Dar la vuelta? No. De la casa al trabajo y del trabajo a la casa", asegura, decidida. De un lado, su labor en la intendencia de una escuela. Del otro, la casa que comparte con su madre, su padre y su hija (que, en ese momento, tenía 14 años y que, para la publicación de este libro, seguramente tenga 17 o 18). Susana es una mujer de frases cortas y directas. Con las manos entrelazadas sobre la falda, cuenta su historia de forma desordenada. A veces me pierdo y le pido que me ayude con las fechas, con la cronología de los acontecimientos. Otras veces, Verónica Cruz, quien está presente durante toda la entrevista, me ayuda con precisiones y añade datos.

Cuando le pregunto, por ejemplo, qué se siente estar afuera, Susana responde: "Feliz, feliz, feliz de estar afuera, de ser libre". Sin embargo, hay anécdotas que la emocionan. O, en realidad, la encabronan. En esos momentos, Susana acelera las frases y hace gestos con las manos, como si pudiera agarrar objetos invisibles y despedazarlos. Con la mano derecha estrangula el aire, aprieta los dientes y dice: "Le tengo unas ganas". Entonces, me explica: es una guardia del penal que se burló de ella durante años. Era de las que le inventaba objetos prohibidos y la castigaba sin razón.

Esa mujer, ahora, se juntó con un hombre de su misma comunidad, de Santa Teresa. Susana tiene que verla caminando por las calles, haciendo el mandado, tomando el transporte público. La primera vez que se la cruzó, recuerda, se la quedó viendo fijamente: "¿Qué me va a hacer? Ya no puede hacerme nada. Ella también me mira, pero se queda callada. Fue una mujer que no puedo describir". Pero Susana la describe: "Era mala. Lo que decía se tenía que hacer como ella lo decía".

Mientras pienso en el destino y busco alguna figura metafísica que explique esa coincidencia, me doy cuenta de que la situación es mucho más lógica de lo que parece. Son dos mujeres de una misma comunidad, de una clase socioeconómica similar, que, aunque parecen estar en extremos opuestos, son, en realidad, dos caras de la misma moneda. La guardia podría haber tenido un parto fortuito con complicaciones, y, seguramente, las autoridades la habrían tratado de la misma forma que lo hicieron con Susana. Esa mujer, sin embargo, por imitación, casualidad o necesidad de ganar un poco más de dinero, se unió al sistema penitenciario y, por azar, no tuvo una emergencia obstétrica. Los hechos, entonces, se dieron tal cual los conocemos y no de otra forma.

Cuando estamos a punto de despedirnos, decido hacerle una última pregunta a Susana: "¿Sueñas?". Ella me responde: "Antes no soñaba, pero ahora sí. Sueño que estoy otra vez ahí, en la cárcel. Y en el sueño me pregunto: '¿Por qué estoy otra vez aquí si yo ya salí? ¿Dónde está Vero? ¿Por qué Vero no viene a sacarme?'. Es tan real. Me veo en la celda, sentada en la banquita que teníamos. Y me levanto y estoy llorando y ya no me vuelvo a dormir".

# EN LA SIERRA DE GUERRERO

Guerrero es un espejo en el que se reflejan los contrastes. Fue cuna de figuras relevantes de la Independencia —Nicolás Bravo, Hermenegildo Galeana, Vicente Guerrero—, semillero de la lucha armada durante la década de los sesenta y setenta, y referente en los movimientos de resistencia indígena y campesina.

Luis Suárez cuenta, en su libro *Lucio Cabañas: el guerrillero sin esperanza,* que cuando Lucio estaba en sexto de primaria participó de la primera asamblea en la Escuela Normal Rural Raúl Isidro Burgos: "Compañeros, estamos estudiando, no hemos terminado la primaria. ¿Qué vamos a hacer por el pueblo? Parece que vamos a hacer una revolución".

Y la hicieron. Lucio Cabañas fue nombrado secretario general del Comité Ejecutivo Estudiantil, presidente del Comité Ejecutivo Nacional de la Federación de Estudiantes Campesinos Socialistas de México (FECSM). Luego participó en la lucha que encabezaba Genaro Vázquez Rojas, maestro, líder sindical y defensor de causas campesinas, para destituir al gobernador Raúl Caballero Aburto durante los años sesenta.[1] Más tarde sería recordado por fundar el Partido de los Pobres y por ser, quizá, la cara más visible de la persecución durante la mal llamada Guerra Sucia, en la que el Estado mexicano reprimió, torturó, desapareció y asesinó

---

[1] Jacobo Silva Nogales, *Lucio Cabañas y la guerra de los pobres,* Caracas, Fundación Editorial el Perro y la Rana, 2017.

a miles de militantes opositores. Entre ellos, Lucio Cabañas, quien murió en un enfrentamiento con miembros del Ejército mexicano en El Otatal, Guerrero, el 2 de diciembre de 1974.

La dimensión de la lucha de campesinos, indígenas y otros pobladores de Guerrero tuvo su contraparte en las atrocidades cometidas durante décadas por las autoridades. La desaparición forzada, encabezada por el caso paradigmático de Rosendo Radilla, que alcanzó una sentencia en la Corte Interamericana de los Derechos Humanos (CIDH), fue documentada por organizaciones y familiares de víctimas que lograron contabilizar, al menos, 3 800 casos en la entidad. El 20 de agosto de 1967, la conocida como masacre de La Coprera en Acapulco dejó un saldo oficial de 35 muertos y 150 personas heridas, pertenecientes todas a la Unión de Copreros; aunque se cree que, en realidad, muchas más personas murieron en sus comunidades días después.

En 1995, la policía de Guerrero asesinó a 17 campesinos y lesionó a otros 14 en un retén a tres kilómetros del poblado de Aguas Blancas. En 2002, miembros del Ejército mexicano violaron a dos mujeres indígenas, cuyos casos también alcanzaron sentencia en la CIDH: Valentina Rosendo Cantú e Inés Fernández Ortega. Pero para la historia contemporánea, quizá el caso más paradigmático ocurrido en el estado de Guerrero es el de los 43 estudiantes normalistas de Ayotzinapa. Los hechos, ocurridos entre el 26 y el 27 de septiembre de 2014 en Iguala, Guerrero, dejaron un saldo de seis ejecuciones, 43 estudiantes desaparecidos, 40 personas heridas y, al menos, 120 personas víctimas de persecución y atentados contra su vida, según el último informe presentado por el Grupo Interdisciplinario de Expertos Independientes (GIEI) de la CIDH en julio de 2023. Todo esto, con la complicidad del Ejército y la responsabilidad, por acción u omisión, del Estado mexicano.

# EN LA SIERRA DE GUERRERO

Hoy Guerrero cuenta con uno de los porcentajes más altos de personas en situación de pobreza, según las últimas cifras del Consejo Nacional de Evaluación de la Política de Desarrollo Social (Coneval). Allí, 66.4 por ciento de la población no cuenta con los ingresos suficientes para adquirir los bienes y servicios indispensables para satisfacer sus necesidades alimentarias y no alimentarias. Guerrero también se encuentra entre las 10 entidades con más homicidios dolosos en contra de mujeres, según las cifras del Secretariado Ejecutivo, y 43.8 por ciento de la población femenina sufrió de violencia durante su infancia, de acuerdo con los datos del INEGI.

En Guerrero, además, nació, creció y fue criminalizada Aurelia García Cruceño,[2] una joven morena, delgada y de ojos cafés, cuya vida cambió para siempre cuando tenía 19 años. Su historia la escuché, por primera vez, en marzo de 2021. Pero tuvo que pasar más de un año antes de que me enterara de los detalles y conociera, finalmente, a Aurelia. Si hablamos de criminalización y pobreza, este es uno de los ejemplos más claros, más terribles: Aurelia es una mujer indígena nahua que, antes de ser encarcelada injustamente, vivía en la comunidad de Xochicalco, en el municipio de Chilapa de Álvarez.

El tormento de Aurelia comenzó cuando fue víctima de violencia por parte de un policía de su propia comunidad. Cuando hablo de violencia, en realidad quiero decir *violencias*. En esa pluralidad convergen la física, la psicológica y la sexual. "Si denuncias, algo malo le va a pasar a tu familia", recuerda Aurelia que le decía el hombre que la violentaba, para amenazarla. Tal vez fue por eso

---

[2] Esta historia está reconstruida a partir de entrevistas con Verónica Garzón y Ximena Ugarte, abogadas de Aurelia; de documentos que son parte del expediente, y de visitas a Iguala, Guerrero, donde Aurelia fue encarcelada.

por lo que los abusos continuaron. Aunque tal vez fue porque los círculos de violencia son estructuras difíciles de romper. Ocho años y ocho meses: ese es el tiempo promedio que tarda una mujer en decidirse a denunciar o a hablar de malos tratos. En ocho años y ocho meses pueden pasar muchas cosas. O puede que no pase nada.

El contexto en el que Aurelia vivía fue parte sustancial de lo que ocurrió después. Las reglas que rigen en Xochicalco no son comparables a las que conocemos en las grandes ciudades del país. Allí, por ejemplo, los hijos o hijas fuera del matrimonio pueden conllevar castigos sociales o incluso físicos. Por eso, cuando Aurelia quedó embarazada, como consecuencia de esa concatenación de violencias —y producto de una de ellas en particular—, decidió que lo mejor era huir de su casa. Tenía miedo a los castigos por parte de la comunidad, a los usos y costumbres que, aunque reconocidos en muchas partes del país, en ocasiones son usados para violar sistemáticamente los derechos humanos de mujeres y niñas.

Ante la incertidumbre de cómo podría reaccionar su familia y su entorno, decidió irse. Y en su huida buscó refugio con una tía en Iguala. Allí encontró casa, comida y trabajo. Pasaron una semana, dos, tres, cuatro. Con el tiempo, empezaron los dolores de estómago, los cólicos y el sangrado. Pensó, entonces, que le había bajado la regla. Pero un día en casa de su tía, los dolores y el malestar incrementaron.

Era 2 de octubre de 2019. Lo que ocurrió ese día es confuso, por lo que tendrán que imaginarlo como una sucesión de imágenes entrecortadas, recuerdos borrosos, escenas interceptadas por el miedo. Aurelia tuvo un parto fortuito. Hubo sangre, conmoción, mareos. Estaba sola y aterrada. Tomó un cuchillo para cortar el cordón umbilical y perdió el conocimiento en varias ocasiones.

El producto no sobrevivió. Aurelia, mareada y confusa, lo escondió en una caja de zapatos debajo de la cama. Pasaron más de tres horas hasta que su tía regresó y llamó a una ambulancia. Para ese momento, Aurelia ya estaba inconsciente y al borde de la muerte.

En el hospital, las enfermeras y el personal médico estaban avisados de lo que había ocurrido. O, mejor dicho, de lo que pensaban que había ocurrido —sí, una vez más—. Entonces, las tareas que deberían haber sido de sanación y cuidados fueron suplantadas por cuchicheos a media voz y una denuncia ante las autoridades. Los policías ministeriales llegaron, esposaron a Aurelia de pies y manos a la camilla, le hicieron preguntas, la señalaron y le leyeron su carta de derechos, únicamente en español. Aurelia, que en ese entonces solo hablaba náhuatl, asintió sin entender. Solo quería que se fueran.

Más tarde, en videos obtenidos por Fuerza Informativa Azteca, se verá a ambos policías contradecirse durante el juicio oral:

—Para suerte de nosotros se encontraba [al momento de la detención] el doctor que había atendido al niño recién nacido manifestando lo siguiente: que el niño había nacido con vida y que presentaba lesiones con arma punzocortante. Presentaba lesiones en el tórax, en el cuello y en otras partes del cuerpo, por lo que se trata de un homicidio.

La declaración era absurda. Nadie había estado presente durante el parto fortuito y, mucho menos, podía asegurar que el producto había nacido con vida.

—¿Nos puede decir el nombre de ese médico? —le preguntó al oficial la actual abogada de Aurelia, durante el juicio.

—No, no tengo el dato —respondió el policía, con voz entrecortada.

Entonces, la abogada insistió:

—¿Usted asentó esa entrevista en su informe policial?

—Cometí el error de no hacerlo —admitió el policía.

Lo cierto es que a Aurelia se la llevaron detenida al penal de Iguala, dos días después de haber ingresado al hospital, en octubre de 2019. Semanas más tarde, el informe pericial revelaría que el producto del parto fortuito tenía lesiones de arma punzocortante. Ese fue el elemento que usó la Fiscalía para asegurar que había sido un homicidio en razón de parentesco. De hecho, fue el único elemento de prueba que se utilizó.

Durante las investigaciones del caso no se tuvieron en cuenta los abusos a los que Aurelia había sido sometida, ni el estado de conmoción al que se enfrentó. Tampoco se analizaron las consecuencias del parto fortuito en su salud ni la cadena de desigualdades que pesaban en su entorno. Mucho menos se hizo un análisis forense de las huellas dactilares en el cuchillo o se analizó la posibilidad de que la pérdida de sangre, que Aurelia había sufrido durante las semanas previas, pudiera haber sido la causa del parto fortuito.

Antes de que las abogadas Ximena Ugarte Trangay y Verónica Garzón, del Instituto Mexicano de Derechos Humanos y Democracia (IMDHD), asumieran su defensa, las autoridades se habían encargado de aislar a Aurelia de las condiciones de su entorno, de anular el contexto que la rodeaba. Y, como escribieron Marta Lamas y Sharon Bissell, cuando se habla de aborto, "todo se trata de contexto".

Aurelia llevaba más de dos años recluida en el penal de Iguala, acusada de homicidio en razón de parentesco, sin recibir una sentencia, cuando conocí su caso, como ya dije. Lo que no había dicho es que, en aquel momento, no había intención alguna de hacer pública su historia.

Recuerdo una conversación con Verónica Garzón durante un trayecto en carretera, en el que me explicaba, con la voz entrecortada por la mala señal del teléfono celular, que Aurelia no hablaba español y que prefería no llevar su caso a los medios de comunicación.

"Si lo quieres usar para tu investigación, hazlo resguardando su identidad", me indicó Verónica, "con datos que no permitan su identificación".

Entonces se tenía la esperanza de que, cuando llegara el momento de la sentencia, la falta de pruebas y la cantidad de irregularidades dieran como resultado una sentencia absolutoria, es decir, la confirmación de lo que todos sabíamos: que Aurelia era inocente.

Pero, más de un año después, en el país donde los inocentes van a la cárcel y los culpables habitan las calles y las plazas, los micrófonos y los puestos políticos, Aurelia fue condenada, a través de un procedimiento abreviado. Mediante promesas falsas, amenazas veladas y sin una explicación de por medio, convencieron a Aurelia de que se declarara culpable. Así obtuvo una condena de 13 años y cuatro meses de prisión, dictada por el juez Engelbert Chavarría Pita.

Verónica Garzón, entonces, buscó hacerse cargo de su defensa. Y yo la vi, en el reflejo del televisor y de pura casualidad, dando una conferencia de prensa en Iguala. Inmediatamente reconocí la foto de Aurelia que colgaba en una lona detrás de ella y le escribí un mensaje a su celular. Era el 5 de diciembre de 2022. "¿Qué pasó? ¿Qué cambió?", le pregunté.

Como quien destapa una olla a presión, Verónica intentó resumir, en siete minutos, el mundo entero.

Me contó de la sentencia y las irregularidades, me dijo que el caso ya lo llevaba, de forma oficial, el IMDHD, y que Ximena y ella serían las abogadas de Aurelia. Me contó de la apelación de la sentencia y de cómo la magistrada Indalecia Pacheco había concedido que se repitiera el juicio, íntegro. Me dijo, entonces, que Aurelia ya había aprendido a hablar español en el penal y que necesitaban hacer visible el caso. Al día siguiente, coordinamos una entrevista.

Era como ver a una vieja conocida. El pelo largo y chino de Verónica se movía frenéticamente mientras hacía las presentaciones: "Luciana es periodista; nos conocimos desde el inicio del caso de Aurelia. Ximena es abogada; ambas estamos llevando el juicio". Intercambiamos actualizaciones del último año, les conté de este libro y les prometí publicar la historia en algún otro medio de comunicación lo antes posible. Entonces, la historia de Aurelia, que hasta ese entonces era apenas una sucesión de acciones, se fue llenando de detalles.

Ximena me lo explicó todo, con la calma de quien cuenta una historia: "Hay dos pruebas que son fundamentales en cualquier homicidio que aquí la Fiscalía no hace: la mecánica de lesiones y la mecánica de hechos. En este caso, lo que se nos hace, por decir lo menos, sospechoso es que en dos días supuestamente ya habían hecho todas las pruebas. La de luminiscencia, por ejemplo, donde se identifican los restos de sangre, la pidieron a las tres de la tarde y para las ocho de la noche ya la tenían. Eso no ocurre jamás en ningún caso".

Eso era solo el inicio. Además de las condiciones en las que Aurelia había sido detenida, el proceso de investigación no tenía sustento científico. La docimasia pulmonar volvió a aparecer como prueba estrella de una fiscalía digna del siglo XVIII: el producto había nacido con vida, aseguraron. "Son parte de estas pruebas que ya han sido catalogadas como pseudocientíficas", me dijo Verónica. "No tienen un sustento y tienen un margen de error amplísimo. Hay muchos falsos positivos".

Como en tantos otros casos, se estaba criminalizando la pobreza. Mientras que el hombre que había violado a Aurelia se encontraba prófugo desde hacía más de tres años, la jueza le había negado el cambio de medida cautelar (es decir, que Aurelia pudiera pasar su proceso en libertad en lo que se reponía el juicio) porque no podía demostrar que tenía dinero para acudir al juzgado ni posibilidades de pagar una fianza económica.

Ximena, entonces, ejemplificó la brutalidad judicial en una sola imagen: llevaban varias audiencias desahogando pruebas: de un lado, las abogadas defensoras; del otro, la Fiscalía y la Comisión Ejecutiva Estatal de Atención a Víctimas (CEAV), que había sido, paradójicamente, una de las instituciones que la estaban acusando. El padre y la madre de Aurelia —guerrerenses campesinos, con poco conocimiento del español— se sentaban junto a la Fiscalía porque eran lo que se conoce como víctimas indirectas, es decir, quienes fueron perjudicados por el presunto delito que se cometió.

En una de estas audiencias, Ximena Ugarte pidió la palabra e interpeló a la jueza:

—¿Los familiares de Aurelia saben lo que está ocurriendo?

—Claro, fueron informados por la Fiscalía —aseguró la jueza Alfaro Zapata, quien ahora estaba a cargo del juicio oral.

—¿Podría preguntarles? —replicó Ximena.

Los padres, entonces, se miraron confundidos. Tímidamente, negaron con la cabeza. En ese momento, la audiencia se interrumpió y se instruyó a la Fiscalía para que informara a los familiares.

En resumidas cuentas, se le estaba exigiendo a la Fiscalía que hiciera su trabajo, aunque fuera una vez, recién ahí, es decir, después de tres años. Y así, después de tres años, Alberto García y Agustina Cruceño, el padre y la madre de Aurelia, se enteraron de que sus testimonios estaban siendo usados en contra de su hija. Hasta entonces, durante aquellos mismos tres años, los padres de Aurelia habían creído que la estaban ayudando a salir de la cárcel.

Ese mismo nivel de perversidad se había repetido en diversas ocasiones. Durante la detención, por ejemplo, los policías ministeriales declararon que a Aurelia la habían arrestado "en flagrancia". Es decir, durante la comisión del delito, cuando, en realidad, al momento de la detención, Aurelia se encontraba encadenada a la cama de un hospital, recuperándose del parto fortuito que la había llevado al borde de un *shock* hipovolémico.

Más adelante, continuando con la enumeración de atrocidades, la jueza argumentó que Aurelia no podía seguir su proceso en libertad porque era "un riesgo para su comunidad". Y otro ejemplo más: en la última audiencia, la asesora jurídica comenzó su alegato de clausura diciendo: "'Mamá, no me mates': eso podría haber dicho el bebé".

Todas esas circunstancias habían llevado a Aurelia a permanecer más de tres años en el penal de Iguala, Guerrero. Allí compartía celda con dos mujeres y preparaba aguas frescas para vender y hacerse de algo de dinero. Allí conoció a otra mujer, María, quien también había sido sentenciada en condiciones similares y por homicidio en razón de parentesco.

En el penal de Iguala, además, pasó su juventud, perdió su inocencia, se preguntó una y mil veces por qué estaba encarcelada, escuchó música en una pequeña radio que le habían regalado, se desilusionó de los abogados que le asignaron, rio, lloró, se enojó durante meses.

Y fue allí, al penal de Iguala, hacia donde nos dirigimos un grupo de mujeres en diciembre de 2022 para presenciar la última audiencia del juicio oral contra Aurelia.

Había llegado el momento de la sentencia.

La carretera que llega a Iguala, Guerrero, atraviesa, zigzagueante, unas montañas bellísimas e imponentes.

Si no fuera por los altos índices delincuenciales y la certeza colectiva de que quien manda en esa tierra es el narcotráfico y no el gobierno, sería un punto turístico que las desarrolladoras explotarían: una vegetación exuberante, un cordón de picos que rodea al pueblo y un sol rabioso, que se oculta entre las montañas hasta desaparecer. El silencio, en esa tierra, lo ocupa todo.

La sierra de Guerrero, sin embargo, es un territorio peligroso. Un lugar en el que pueden desaparecer 43 estudiantes, ser torturados, quemados y arrojados por una o varias barrancas con la complicidad de las autoridades.[3] Por eso, la constante para viajar a Iguala son las medidas de seguridad y, en la mayoría de los casos, el miedo latente que te hace voltear por arriba del hombro en cada esquina.

El 20 de diciembre de 2022 salimos de la Ciudad de México con un grupo de siete mujeres rumbo a la última audiencia de Aurelia: aquella en la que se iba a definir todo. Las posibilidades se reducían a dos, radicalmente opuestas: Aurelia podía salir libre ese mismo día o ser condenada a 50 años de prisión. Todo su mundo se definía ese martes.

---

[3] Informe del GIEI.

Las mujeres con las que viajé son activistas, varias de ellas madres de víctimas de feminicidio; otras, médicas tradicionales o parteras. Mandamos la ubicación en tiempo real a nuestros familiares para que nos monitorearan, nos seguíamos en la carretera y fuimos juntas en dos autos que partieron desde el norte de la capital. Durante el camino —carretera 95D, salida en el desvío que conecta Cuernavaca con Iguala—, la posibilidad de la liberación de Aurelia daba vueltas entre nosotras, como un fantasma; se hablaba poco, pero se sentía constantemente.

"Si no la sacan nos encadenamos al juzgado", sugirió una. Lo dijo medio de chiste, medio en serio, pero todas reímos. La conversación fue de un lado al otro: se habló de vivir en la ciudad o en el campo, de los temazcales y la medicina tradicional, de las vacaciones. La situación, vista a la distancia, era peculiar. Siete mujeres que jamás habíamos visto a Aurelia, pero recorríamos más de 200 kilómetros para estar presentes durante su sentencia, a sabiendas de que no nos dejarían entrar, pues la jueza Mariela Alfaro Zapata les había avisado a las abogadas el día anterior que la audiencia sería a puertas cerradas.

Para casi todas aquellas mujeres, sin embargo, eso no era algo fuera de lo común. Desde sus diferentes grupos de activismo —Red Guerrerense por los Derechos de las Mujeres, Artesanas de Paz y Justicia, Observatorio de Violencias contra las Mujeres Guerrero— acompañan casos de injusticias o violencias contra mujeres que no conocen, pero que, inmediatamente, adoptan como si fueran amigas o hermanas. Viajan durante horas, atraviesan el país o el estado para gritar, desde afuera de un juzgado, que no están solas, que aquí está su manada.

Cuando por fin llegamos a Iguala, nos encontramos con el resto del grupo en un restaurante del centro. Estaban Ximena Ugarte,

Verónica Garzón y otras compañeras que habían viajado desde diversas partes del país. Se fueron sumando mesas y sillas a medida que otras se incorporaban. El ambiente estaba cargado de incertidumbre: la jueza había retrasado la audiencia dos horas y la conversación se llenaba de ejercicios de adivinación: "¿es una buena señal?", "¿es una mala?", "¿la jueza tiene miedo?".

Durante los últimos días, TV Azteca había hecho una cobertura extensa de la situación de Aurelia y el caso había cobrado relevancia en la discusión pública. La televisora, incluso, había puesto un reloj que marcaba las horas que faltaban para la sentencia, y tanto Roberto Ruiz, periodista y conductor de *Hechos AM,* como Édgar Galicia, periodista y reportero, llevaban días instalados en Iguala esperando la resolución.

La atención mediática había ayudado a presionar a los tomadores de decisiones, pero también había puesto a la jueza y al MP a la defensiva: las abogadas ya habían sido amonestadas por las autoridades, que les reprochaban haber puesto en riesgo a los que estaban involucrados en el caso. En realidad, lo que les molestaba era saberse observados, tener la certeza de que, si condenaban a Aurelia, parte de la sociedad los condenaría a ellos.

Las horas pasaron lentas. El calor azotaba a pesar de ser mediados de diciembre, mientras las mujeres ocupaban el tiempo redactando comunicados y pensando estrategias diversas. Entre sudor y nerviosismo, cada una de ellas aportó sus conocimientos para construir el texto que se divulgaría horas más tarde, entre los medios de comunicación: una opción si salía libre, otra si era condenada.

El mundo impenetrable de los abogados se volvió, durante esa tarde, accesible para todas. Las mujeres no discutían sobre leyes, pero sí hablaban de injusticias, en parte porque ellas también las habían vivido y llevaban años habitándolas. Las que tenían experiencia en partería comunitaria hipotetizaban sobre lo que pudo haberle ocurrido a Aurelia, otras narraban la discriminación que se vive siendo mujer indígena. Una, con una playera con la foto de su hija pidiendo justicia, miraba fijo al piso, como si pudiera atravesarlo y trasladarse hasta el otro lado del mundo. Un mundo nuevo, distinto. Ganas de perderse o de dejar de estar perdido. A pesar del barullo, los gritos y hasta las risas, la mesa estaba repleta de ausencias. Juntas, esas mujeres también pedían por las que ya no están.

Cuando llegamos al Palacio de Justicia de Iguala —un lugar en el que rara vez se hace justicia—, la tarde se convertía en noche. En ese momento, las mujeres, que horas antes habían discutido con calma y pausadamente sobre asuntos jurídicos, pusieron una bocina a las puertas del juzgado y empezaron a cantar. "Que tiemble el Estado, los cielos, las calles". La voz de Vivir Quintana y su canción "Sin miedo", devenida en himno feminista, rompía el silencio de la montaña. "Que tiemblen los jueces y los judiciales". Las mujeres hacían grupos y susurraban, a la vez que las abogadas se preparaban para entrar al juzgado. Una de las médicas tradicionales comenzó a alistarse para su ritual: se cambió de ropa, acomodó cuatro pañuelos sobre el suelo y, lentamente, deshojó una a una las rosas rojas que habíamos comprado en la carretera. "Hoy a las mujeres nos quitan la calma".

Desde dentro de los juzgados, un guardia miraba, desconfiado, por entre las rejas mientras las integrantes de la Red Guerrerense pintaban siluetas en tonos morados en las paredes del Palacio de Justicia. "Nos sembraron miedo, nos crecieron alas". Los minutos pasaban en cámara lenta y las paredes se cubrían de dibujos y consignas. "¡El que debería estar adentro es su violador!", gritó una mujer de pelo corto y pantalones vaqueros. Varias asintieron.

A las 6:45 de la tarde, Ximena, Verónica y los padres de Aurelia, Alberto y Agustina, entraron al juzgado entre abrazos y deseos de éxito. La puerta de rejas se cerró detrás de ellos y comenzó la espera. La espera más larga.

Esperamos, entre impacientes e ilusionadas, dos horas con 20 minutos.

Por la carretera, los camiones doblan a toda velocidad. Algunas patrullas hacen sonar sus sirenas y varios pájaros vuelan buscando dónde pasar la noche.

A mi lado, una mujer platica con dos niños de unos siete u ocho años. Es maestra y está visitando a su familia en Iguala. Mientras la música sigue resonando con furia, la mujer me cuenta que escuchó del caso por televisión y decidió venir a apoyar.

"Hay muchos casos", me dice, "pero, al menos, de algunos nos enteramos… Y siempre pienso: '¿Y si me pasara a mí?'". La mujer sonríe tímidamente, como si se avergonzara de sus palabras. Seguimos platicando durante unos minutos, hasta que nos perdemos entre las demás del grupo.

Entrada la noche, lo único que se escucha es nuestra música y las consignas que se cantan de a ratos. El calor, sin embargo, no cede. Hay tres periodistas con sus compañeros camarógrafos que esperan separados del grupo, a unos 20 o 30 metros. Por momentos se acercan, conversan, toman llamadas y vuelven a esperar. La impaciencia va creciendo y somos varias las que nos preguntamos cuánto más se pueden tardar, si acaso es una buena o una mala señal.

"Quizá ya decretaron su liberación y se están dictando las medidas de reparación del daño", me dice una de las mujeres, con excesiva positividad. Lo cierto es que no hay certezas. Hipótesis, tal vez. Deseos que se entremezclan con la razón y se expresan en forma de teoría. Pero la verdad es que seguimos esperando. En algún momento de la noche comenzó el ritual que más tarde sabré que se llama *tlamanalli*. En círculo, las mujeres miran al cielo, repiten palabras en náhuatl: *amaxochitl, axokopahtli,* y van girando hacia distintos puntos cardinales: al sur, al oeste, al norte. *Kopalli, tlamana.* La chamana nos guía entre copal y cánticos. Palmas que apuntan arriba, piernas abiertas a la altura de las caderas, ojos cerrados. Las mujeres van tomando el micrófono para hablarle al grupo: son palabras de protesta, de exigencia, de rabia acumulada. Finalmente, la más joven del grupo tomó el micrófono. Tiene unos 17 o 18 años, pantalones vaqueros y pelo brillante hasta los hombros.

"No se preocupen", dijo con voz clara, "Aurelia va a salir libre. Y va a salir libre porque es inocente, ella no hizo nada malo". Muchas aplaudieron, otras vitorearon. Su frescura se desparramó entre la ronda y dibujó varias sonrisas. En ese momento me di cuenta de que la edad de esa joven era similar a la que tenía Aurelia cuando fue encarcelada: 19 años arrebatados. Cuando terminó el *tlamanalli* habíamos recobrado el ánimo. Volvieron los cánticos y las consignas. Los periodistas comenzaron a acercarse al grupo y a encender las cámaras para estar preparados. A las 9:15 de la noche, una mujer que estaba a mi lado —era la prima hermana de Aurelia— tomó una llamada.

"¡¿En serio?!", gritó, eufórica.

Yo me acerqué un poco más a ella e intenté descifrar si sus facciones denotaban alegría o tristeza, felicidad o enojo, pero no lo conseguí. Cuando terminó la llamada, me dijo que la sentencia había sido absolutoria, que Aurelia saldría libre, pero que todavía no se podía decir nada. Un escalofrío me recorrió el cuerpo. Empecé a preparar mensajes, sonreí, anoté como desquiciada frases en la pequeña libreta roja que me había acompañado durante todo el camino. Sin embargo, los minutos seguían pasando y nadie entraba ni salía del juzgado. Lo único que podía pensar en ese momento era que quizá había habido un error, que era posible que todavía no se hubiera dictado la sentencia o, lo que era peor, que la sentencia no había sido favorable. Pero la esperanza pudo más que el miedo y seguí sonriendo. Varias personas a mi alrededor hacían lo mismo, y platicaban en susurros. Para ese momento, el rumor había empezado a correr: Aurelia saldría libre.

A las 21:35 empezó el movimiento. La puerta del juzgado se abrió y todos nos amontonamos tras las rejas. Entre el tumulto, nadie podía ver nada. La puerta está a más de 20 metros de la reja del Palacio de Justicia y no hay una sola luz que ilumine el trayecto. Se escuchaban gritos, pasos y los reflectores de las cámaras se encendieron. "¡Aureeeeelia libre!", comenzaron a gritar a mi alrededor.

Finalmente, las rejas se abrieron y vi, por primera vez, el rostro de Aurelia que sonreía. Es una joven delgada de rasgos dulces, morena, con el pelo recogido en una cola de caballo. Aparenta menos años de los que tiene. Traía vaqueros y una playera de algodón con estampado de *animal print*. A su lado salieron Verónica y Ximena, con los ojos llorosos. También estaba Alberto, su padre, un hombre de ojos pequeños que miraba hacia el suelo y hablaba poco, y Agustina, su madre, una mujer de complexión delgada y labios finos. Se los veía abrumados por los gritos, la multitud, las decenas de desconocidas que les sonreían, saltaban y coreaban consignas.

En el momento en el que salieron, la gente se amontonó a su alrededor. Las cámaras de TV Azteca estaban en la primera línea

101

y el periodista Édgar Galicia lanzó la primera pregunta: "¿Cómo te sientes?". Tras esta pregunta, vinieron otras. Édgar Galicia me dirá, meses después, que hasta su trabajo estaba en juego aquel día: "Si no sale Aurelia, me corres", recuerda que le dijo a su jefa de información.

Aurelia respondió a las preguntas con frases cortas pero concisas. Dijo que aprendió a hablar español en esos años, que su sueño era ser maestra y que iba a estudiar mucho. También agradeció a los periodistas, a las mujeres que la acompañaban, a su familia. Abrazó a su madre y a las abogadas que no dejaban de responder llamadas y mensajes de la prensa que había seguido el caso desde la capital.

El ambiente era festivo y profundamente emocionante. Los periodistas dispararon sus cámaras y decenas de personas se acercaron a saludar a Aurelia.

Verónica Garzón me abraza y sigue llorando. Una, dos, tres veces. "No puedo parar", me dice entre risas nerviosas. Ximena Ugarte también sonríe mientras responde las preguntas de los periodistas, pero su carácter es más duro, mantiene la calma a pesar de todo. "La sentencia es absolutoria, la jueza asegura que no existen pruebas suficientes para inculpar a Aurelia", repite una y otra vez.

Minutos más tarde me enteraré de que había muchas otras cosas que Ximena quería decir, pero en ese momento no podía externarlas. Por eso respondía con lo justo, lo indispensable. Los minutos pasaban y, en Iguala, la noche se iba cerrando. Eran más de las 10. Algunas personas empezaron a despedirse y se perdieron entre la oscuridad. Varias mujeres se amontonaron en un solo auto para emprender el camino de regreso a casa. Poco a poco, volvió la calma y el silencio. La adrenalina, sin embargo, siguió operando en el cuerpo de las mujeres. Había sido una jornada larga, larguísima, pero la sensación de justicia nos hacía seguir moviéndonos, como si acabáramos de despertar.

De repente, vimos un carro gris. Era un familiar de Aurelia que venía para llevarlas de regreso a Xochicalco. Los abrazos y las despedidas se acumularon, algunas palabras se quedaron atoradas en la garganta, como nudos en una soga interminable. Mientras subían al auto, escuché la voz del padre de Aurelia por primera vez. "Gracias a todos", dijo. Saludó con la mano a los pocos que quedábamos en el lugar. Hubo indicaciones de último momento y frases entrecortadas.

Finalmente, vimos el carro gris perderse en la carretera y el silencio aumentó. Se sintió una especie de nostalgia en el ambiente y me invadieron las preguntas: ¿cómo será esa primera noche?, ¿habrá pláticas, reunión familiar?, ¿palabras de cariño o reproches?, ¿reinará la alegría o el desasosiego?, ¿alguien podrá dormir esta noche?

La barda del Palacio de Justicia —en el que ese día sí se hizo justicia— estaba tapizada de pintas. Ximena las miró en silencio. "Es increíble", aseguró, "en estas paredes el único rastro que va a quedar es la exigencia de justicia por Aurelia y el enojo por la desaparición de los 43 estudiantes de Ayotzinapa".

Asentí con la cabeza y miré, también, las pintas en silencio. Recordé una estrofa de un poema de Alejandra Pizarnik, la poeta argentina que cambió la literatura latinoamericana y murió de sobredosis en la década de los setenta.

*Pero sucede que oigo a la noche*
*llorar en mis huesos.*
*Su lágrima inmensa delira*

*y grita que algo se fue para siempre.*
*Alguna vez volveremos a ser.*

Esa noche, en Iguala, dormimos en una habitación de hotel sin ventanas. Y, aunque fue una jornada de triunfo, lo que ocurrió entre las cuatro paredes del juzgado fue muy distinto.

"Una mujer sabe cuándo está embarazada".
Y: "Las mujeres tienen instinto materno".
También: "Todas las mujeres quieren ser madres".
Más: "Todas las mujeres deberían querer ser madres".
Y, claro: "Una mujer debería darlo todo por sus hijos".
Así hasta el infinito: los prejuicios permean las sentencias como un virus letal. Aparecen en voces de jueces, magistrados, ministros, abogados.

Aparecen, también, en expedientes e interrogatorios, en alegatos y testimonios. Y terminan, finalmente, por inmiscuirse en el sistema judicial en su totalidad. No deberían, pero son, a fin de cuentas, uno de los sesgos a través de los cuales se toman las decisiones que pueden cambiar el curso de la vida de una persona, arruinarla para siempre.

Olga Sánchez Cordero, senadora de la República, asegura que se trata de un tema educacional: "Sin educación, el sistema patriarcal nunca te va a dar la respuesta. ¿Por qué?", se pregunta. Y responde de inmediato, eligiendo una a una las palabras: "Porque el sistema patriarcal te va a conservar atada a todos estos prejuicios y estigmatizada con los absurdos roles de género".

El despacho de Sánchez Cordero, en el Senado de la República, es una oficina amplia, con grandes ventanales y una mesa con varias sillas en las que estamos sentadas frente a frente. Durante varios minutos, repasa la historia de la lucha feminista en México: el sufragio, el divorcio, la píldora anticonceptiva, la independencia económica, la legalización del aborto en la capital. Pero, cuando abordamos el tema de los cambios fácticos en la vida de las mujeres, la legislación no parece ser suficiente: ni la cultura ni la conciencia pueden cambiarse por decreto.

"Si toda tu vida te han dicho que te tienes que mantener virgen hasta el matrimonio o que no puedes ejercer tus derechos sexuales y reproductivos, o no sabes cómo prevenir un embarazo o no tienes conocimiento de cómo ejercer tus derechos… Todo eso es un tema de educación. Educación laica, educación sexual, educación científica".

Aquellos estereotipos culturales, que hoy sabemos que son parte de la violencia sistémica y estructural que se erige desde la visión patriarcal, estuvieron, también, presentes el día de la sentencia que se le dictó a Aurelia. Durante más de la mitad de la audiencia, que se extendió por casi tres horas, Verónica Garzón creyó que el desenlace sería fatal.

La jueza comenzó diciendo que estaba plenamente demostrado que el producto había nacido con vida. Poco importó la falta de pruebas para sustentarlo y la poca fiabilidad que se le atribuye a la docimasia pulmonar. A partir de allí, continuó la sucesión interminable de prejuicios relacionados con el supuesto conocimiento innato que las mujeres tienen sobre un embarazo y el instinto maternal de protección.

La jueza llamó "bebé" al producto en varias ocasiones, lo que constituye, para las que están acostumbradas a lidiar con posturas antiderechos, una clara manifestación de posición ideológica, de premisa fatídica de lo que vendrá. Sin embargo, cuando la audiencia estaba llegando al final, los argumentos dieron un giro: no se pudo comprobar que Aurelia le quitó la vida al producto, no hubo testigos, pasaron demasiadas horas y no se hizo la prueba de huellas dactilares para comprobarlo.

Por eso, aseguró la jueza, la sentencia tenía que ser absolutoria. Fue, por lo tanto, un triunfo con sabor amargo. La justicia había llegado empañada por una serie de argumentos que podrían volver a ser usados en el futuro y con otras mujeres para seguir criminalizándolas.

Una semana después de la sentencia, la asesora jurídica de la CEAV, el MP y la Procuraduría de Protección al Menor apelaron esta decisión, haciendo uso de argumentos similares o incluso más terribles. "Es evidente que la juzgadora, en la resolución combatida, no juzgó el presente asunto con perspectiva de género en perjuicio de la víctima indirecta recién nacido, discriminándolo con su omisión [*sic*]", escribieron.

Y es que el caso de Aurelia, al momento de la publicación de este texto, aún no ha terminado en el terreno legal.

—¿Puedo salir a abrazar a mis padres? —le preguntó Aurelia a Verónica apenas se dictó la sentencia.

—Puedes hacer lo que quieras —le respondió la abogada—: eres libre.

# UN ABISMO NEGRO, NEGRO

Imelda[1] es la mayor de cinco hermanos y llegó al mundo sin ayuda. Zoraya, su madre, recuerda que, al sentir los movimientos en el vientre, salió de la casa en la que vivía con sus padres y con una prima en el Estado de México. Sola, dio a luz a su primera hija. Tenía 15 años y un miedo abismal que la envolvía como un manto.

"Mi prima salió a buscarme", me dijo Zoraya una mañana de octubre de 2022. "Me encontró ahí, ya con mi niña. Entonces fue a buscar a mi cuñada, que vivía cerca y sabía de hierbas y esas cosas de parteras, que era lo que había en ese entonces. Cuando llegó, me ayudó a mí y regañó a mis papás porque no me habían prestado auxilio. Porque yo me estaba muriendo".

Zoraya es una mujer de ojos dulces y voz suave que vivió su propia guerra. Su padre, quien se dedicaba a la albañilería, pasaba largas jornadas fuera de casa, mientras su madre se ocupaba de los hijos y el hogar. "Ese chico no te conviene", le decían cuando Zoraya empezó un noviazgo con un muchacho del mismo pueblo. La relación continuó. Hasta que un día ella se dio cuenta de que estaba embarazada.

"No sabía cuánto tiempo duraba un embarazo. Yo estaba en la escuela y mi idea era seguir estudiando", dice, pensando en otros

[1] Esta historia está reconstruida a partir de entrevistas con Imelda; Zoraya, madre de Imelda; Dalila Sarabia, periodista que cubrió el caso, y Leticia Fernández, abogada de Mujeres Construyendo, A. C., que acompañó el caso.

tiempos. El parto, entonces, la tomó por sorpresa y casi se llevó su propia vida. A las pocas semanas, ya recuperada y con Imelda recién nacida, su madre la echó de casa y Zoraya buscó refugio con unos tíos, quienes le dieron comida y techo. Los años pasaron. Ella empezó a trabajar, volvió a acercarse a sus padres, tuvo su primer empleo y se enamoró de un hombre oaxaqueño con el que se casó meses después.

"Él me dijo: 'No te preocupes, vamos a registrar a tu hija como mía para que cuando vengan los demás tengan el mismo apellido'". Fueron cuatro hijos: dos hombres y dos mujeres. Eran momentos felices, de tranquilidad. Zoraya recuerda cuando su padre le regaló un terreno y le prometió ayudarla a construir su casa. Ladrillo a ladrillo. Ahorrando hasta el último centavo para hacerse de los materiales y concretar lo que para millones de personas es un sueño irrealizable: tener una casa propia. Sin pagar renta ni vivir con el miedo del desalojo en cada esquina, con la tranquilidad de tener un lugar para vivir, un lugar que darles a tus hijos, un lugar del mundo al que puedas decirle "mío".

La tranquilidad duró, acaso, algunos años. Después aparecieron los celos, las discusiones y, finalmente, las cosas se salieron de control. Zoraya recuerda con la voz entrecortada: "Yo le dije: 'Yo siempre te quise, te respeté, así como están las cosas es mejor que cada uno siga por su camino. Nos puede ir bien, nos puede ir mal. Pues ya ni modo'".

Zoraya, entonces, se separó de su marido, e Imelda se quedó con ella. Este contexto será fundamental para entender lo que ocurrió con Imelda años después: en 2005, una golpiza que casi acabó con su vida la llevó a prisión 18 años, acusada de homicidio en razón de parentesco.

Aunque el propósito no sea hablar específicamente sobre violencia intrafamiliar, de los 11 feminicidios al día en el país, del acoso sexual generalizado y del machismo institucionalizado que revictimiza a las sobrevivientes pero exime a los agresores, la violencia contra las mujeres se cuela como la humedad, especialmente aquella que ocurre entre las cuatro paredes del hogar.

Rita Laura Segato, antropóloga, profesora y activista argentina, explica cómo la violencia en general, y la violencia contra las mujeres en particular, se ha ido normalizando en las dinámicas sociales de interacción.[2] En el libro *Las estructuras elementales de la violencia* describe una macroencuesta hecha por el Instituto de la Mujer de España a partir de una muestra de más de 20 000 mujeres. La primera pregunta era contundente: "¿Usted sufre o ha sufrido violencia doméstica?". Más del 80 por ciento de las encuestadas respondió que no. Sin embargo, al preguntarles a las mismas mujeres por indicadores específicos de violencia en el entorno —gritos, amenazas, malos tratos, control financiero—, el universo de víctimas se duplicaba o triplicaba. Esto, concluye Segato, demuestra el "carácter digerible del fenómeno, percibido o asimilado como parte de la *normalidad*". Hay otras cifras que también son relevantes. El tercer macroestudio de violencia de género "Tolerancia Cero", hecho en Madrid, España, en 2022, reveló que 21 por ciento de los hombres de entre 18 y 21 años considera que golpear a la pareja después de una discusión no es violencia de género, en tanto que el 22 por ciento respondió que amenazarla tampoco constituye una agresión.

En México, las estadísticas son igual de alarmantes, aunque menos específicas. En 2021, el Instituto Nacional de Estadística y

[2] Rita Laura Segato, *Las estructuras elementales de la violencia*, Buenos Aires, Prometeo, 2010.

Geografía (INEGI) reportó que 7 de cada 10 mujeres mayores de 15 años habían sufrido algún tipo de violencia a lo largo de su vida. En 2022 se alcanzó el máximo histórico desde el inicio del registro desagregado de violencia contra las mujeres del Secretariado Ejecutivo del Sistema Nacional de Seguridad Pública (SESNSP): un aumento del 235 por ciento, entre 2015 y 2022, de las cifras de violencia de género en todas sus modalidades. La situación es, a todas luces, una emergencia nacional. Y, aunque en los últimos años los políticos y gobernantes han aprovechado la narrativa feminista para sumar votos, el discurso termina siempre por sucumbir ante las acciones. En la asignación de presupuesto se ve, generalmente, cuáles son las prioridades de un gobierno. Y las mujeres no somos, ni remotamente, una de ellas.

Pero volvamos a Imelda, la hija de Zoraya. Imelda ha tenido dos parejas en su vida: su primer marido, a quien conoció en la secundaria, con quien se casó siendo menor de edad y a quien dejó después de algunos años, por celoso y controlador; y el segundo, que un día se presentó en su casa para invitarla a salir cuando ella tenía 18 años. Como era el hermano de un vecino de su misma calle, el padre de Imelda les dijo que sí, que se fueran al baile, que se la pasaran bien. Después del baile, las salidas continuaron. Y, tras varias comidas con la familia, se inició una relación que parecía igual a tantas otras.

—¿Cuándo te diste cuenta de que las cosas no estaban bien? —le pregunté a Imelda una mañana de febrero de 2023 mientras tomábamos café en la sala de su casa, en Santa Cruz Tepexpan, Estado de México.

Imelda es robusta, tiene 42 años, el rostro redondo y los ojos de quien lo ha visto todo.

—Cuando me embaracé de mi hijo —me respondió—. Ahí empezaron las cosas.

Imelda habla de "cosas" y de celos. De una familia política que intentó convencer a su marido de que el hijo no era suyo, que cómo era posible, que qué vergüenza. Habla de rumores y de maltratos. De cuestionamientos y de gritos. Imelda supo, en ese momento y en definitiva, que las cosas —esas cosas, todas las cosas— no estaban bien. Y que no quería irse a vivir con ese hombre que, una vez más, quería controlarla y celarla y encerrarla en casa y que les cocinara a él y a toda su familia y que limpiara la sala y la cocina y la habitación y el corral de los cerdos y las gallinas. Y que fuera por el mandado y que no gastara dinero en nada más y que tuviera la comida lista y cuidara a los hijos propios y a los ajenos.

Durante aquellos meses, Imelda buscó excusas para volver a la casa de sus padres. Primero, durante el embarazo. Después, durante los meses que siguieron al nacimiento de su hijo, argumentando que allí podían cuidarla y ayudarla con el bebé. Pero a su pareja no le gustó. "Tu familia siempre me hace menos, se creen mucho", le dijo él a Imelda cuando vio que su suegro le había comprado unos zapatitos al bebé. Por eso regresó a la casa de su pareja, una construcción de paredes verdes y dos pequeñas habitaciones, que colindaba con otra en la que vivían sus suegros. Y, otra vez, la casa y la comida y los cerdos y las gallinas y la limpieza.

"Pero a una cosa sí me aferré", dice Imelda como quien revela una picardía o un secreto inconfesable: "seguí trabajando. Antes de conocerlo, trabajé con un doctor. Era su secretaria, no trabajaba en el laboratorio, pero era con un doctor. Después estuve como maestra interina de kínder, pero no me gustó mucho. Me llevaba a mi enano, que entonces estaba chiquito, y lo metía ahí, a la clase. Pero era muy desgastante, salía a las siete de la mañana de mi casa y volvía casi a las siete, a la misma hora que él. Pero yo tenía que lavar ropa y todo, entonces lo dejé".

Las cosas —esas cosas, todas las cosas— empeoraron cuando su madre y su padre se separaron. En ese momento, Zoraya se quedó al cuidado de sus otros hijos e Imelda se ocupó de llevarles comida y de pasarlos a ver todas las tardes, mientras Zoraya trabajaba limpiando casas ajenas. Su pareja, entonces, se enojó aún más: le reprochó que derrochara el dinero en sus hermanos y que pasara muchas horas fuera de casa. Allí llegó el segundo embarazo.

La niña nació con torta bajo el brazo. Durante algunos años —dos, quizá tres—, la economía familiar mejoró. Imelda trabajó en un laboratorio de Atlacomulco, Estado de México, antes de cambiarse a uno de Ixtlahuaca, donde era técnica laboratorista. Este segundo empleo le quedaba más cerca de su casa y le permitía estar libre alrededor de las dos de la tarde. En ese tiempo, sintió que todo mejoraba: compraron muebles y hasta un carro. Y fue, paradójicamente, ese mismo crecimiento el que, según Imelda, empezó a causar envidia entre los hermanos de su pareja.

—Ellos también tuvieron la culpa de todo lo que pasó. Decían muchas cosas de mí: que si salía muy arreglada, que si llegaba muy tarde. A veces él me iba a buscar al trabajo, cuando ya teníamos el coche, y llevaba a mis hijos con la ropa más viejita. Ni una peinadita, nada. Los bajaba y los ponía en la entrada del laboratorio para que me esperaran ahí —me dijo Imelda.

—¿Por qué crees que hacía eso? —le pregunté.

Imelda suspiró y miró al costado. Por su rostro pasaron mil historias que se tradujeron en labios fruncidos y sonrisas irónicas. Finalmente, me dijo:

—Siento que empezó a acabar conmigo así, de a poquito. Todo empieza como un juego. Te dicen: "Ay, es que eres bien tontita", y así le van subiendo y le van subiendo, hasta que acaban con tu autoestima, ¿no? Al final me la creí. Me creí que estaba sola. Y me sentía sola.

Y esa soledad, a la que tantas canciones y libros y poemas se le han dedicado, y a la que conducen los celos de una pareja, no se remedia con la compañía. Es un sentimiento que desafía cualquier contexto, que cala hasta los huesos y que se esparce como el cáncer. Un cáncer agresivo, rudo. Un cáncer que no admite otra cosa que el desgarre.

Zoraya también describe a la pareja de su hija. Lo hace al teléfono, meses antes de que yo conozca a Imelda: "Era callado, pero cuando hablaba siempre era con palabras ofensivas, para criticar. Siempre que daba una opinión era una opinión mala. Yo le dije a Imelda: 'Yo te mandé a la escuela para que no tuvieras una vida como la mía. Te di armas, herramientas. Si no estás bien con él, yo te puedo ayudar'".

Imelda le respondió a su madre que no, que todo estaba bien. Sin embargo, tiempo después me confesaría que pensó varias veces en dejarlo, en separarse, en saltar al vacío. El plan era el siguiente: una compañera del laboratorio, a la cual conocía desde la escuela, acababa de separarse de su pareja con la que tenía dos hijos. "Hay que rentarnos algo en Ixtlahuaca", le dijo Imelda en una ocasión.

La compañera aceptó. Se turnarían para cuidar a los hijos de ambas, una en la mañana y la otra en la tarde. Compartirían gastos y vivirían tranquilamente. El problema, dice Imelda, es que la violencia en su casa se profundizó. Su pareja usaba a los hijos en su contra. Cuando discutían, él se los retenía, no la dejaba sacarlos. El resultado era siempre el mismo: Imelda terminaba por regresar. Y en ese regreso, volvía a la limpieza y el cuidado de los cerdos y las gallinas y a cocinar y a lavar y a atender a los hijos propios y ajenos. Y volvía, también, la violencia.

La *violencia vicaria* es una forma de violencia antiquísima, que solo ahora podemos nombrar. El término fue acuñado por Sonia Vaccaro, una psicóloga argentina que en 2012 le puso palabras a lo que muchas mujeres vivían en la práctica: el tipo de maltrato en el que el padre ataca a un hijo o una hija con el objetivo de dañar a la madre. Este tipo de violencia, explica Vaccaro, se agudiza en el momento de la separación o cuando la pareja está por separarse. "En la relación con un hombre violento, el divorcio, si existen hijas/os menores de edad, da comienzo al calvario para una mujer, ya que él estará dispuesto a utilizar todos los instrumentos a su alcance para continuar maltratándola, y esos 'instrumentos' incluyen de forma prevalente a los hijos y a las hijas".[3]

Durante toda su vida, Imelda ha soñado así con sus hijos. Incluso ahora, cuando ellos tienen 20 y 21 años, los sueña como cuando eran pequeños. Y en sus pesadillas, el padre se los lleva, no la deja verlos nunca más y ella no puede hacer nada. Por supuesto, en la vida real, Imelda hizo todo lo que estuvo a su alcance para que esto no sucediera: fue en 2004 cuando se llenó de valor y caminó hasta las instalaciones del MP de Ixtlahuaca. "Vengo a poner una denuncia", dijo, al entrar. Detrás del mostrador, hombres y mujeres platicando, hombres y mujeres que hojeaban documentos, como quien no revisa nada. Finalmente, cuando logró que uno de los agentes la atendiera, este la miró de arriba abajo: "¿Y cómo lo va a acusar de violencia si usted no viene golpeada?".

Imelda salió de las instalaciones igual que como había entrado. Nadie le tomó la denuncia. Y, como su pareja ya no la dejaba sacar a sus hijos, volvió a la casa. A los pocos meses, se dio cuenta de que estaba embarazada por tercera vez.

[3] Sonia Vaccaro, "Violencia vicaria: los hijos y las hijas víctimas de la violencia contra sus madres", *Tribuna Feminista*, 18 de marzo de 2016.

Santa Cruz Tepexpan, el lugar en donde ocurrió la historia de Imelda, es un pueblo del municipio de Jiquipilco, en el Estado de México, con calles de terracería, gallinas y montes que irrumpen en el paisaje, como si nacieran desde el mismísimo centro de la Tierra.

Desde cualquier punto en el que uno se encuentre, pueden verse las casas cercanas y las de más lejos, separadas por varios metros de tierra, que muchos usan para cultivar o criar animales. Y, como en todo pueblo chico (en 2020, el INEGI reportó que en toda la manzana tercera de Santa Cruz Tepexpan había 3 975 habitantes), las cosas, las historias de los demás, se saben.

Como la historia de esa señora que sufría violencia y que terminó suicidándose con todo y sus hijos. O la de esa otra mujer que fue a un baile con un muchacho del pueblo, pero que nunca regresó. O la de esa chica de 15 años que fue asesinada y destazada: "A ella la cortaron en pedacitos", remató la persona que me contó estas historias. Lo cierto es que el Estado de México siempre ocupa los primeros lugares de los peores delitos: en 2022, se cometieron 138 feminicidios y se abrieron 3 231 carpetas por violaciones; ambas fueron las cifras más altas a nivel nacional. Entre enero y febrero de 2023, el Estado de México también lideró la lista de las desapariciones: se contabilizaron 249, un aumento del 182 por ciento respecto al mismo periodo del año anterior. En definitiva, el Estado de México es una de las antesalas del horror, un lugar en el que es mejor ser ladrón, asesino, feminicida o extorsionador que ser mujer. Porque ser mujer, ahí, es extremadamente peligroso.

La noche del 21 de febrero de 2005, a las siete, Imelda llegó a casa de su madre, Zoraya, con dos bolsas llenas de mandado. Había comprado frutas, verduras, comida y una cangurera para su tercer hijo, que ya estaba próximo a nacer. Apenas cruzó la puerta, se sentó sobre las baldosas del piso. "Estoy cansada, mami", dijo, "muy cansada". Zoraya, entonces, repitió el gesto que miles de mujeres han repetido antes: la apapachó. Un verbo, heredado de la herencia de la herencia, que proviene del náhuatl *patzoa* y que llega a nuestros tiempos, tal vez romantizado, como "caricia del alma".

Mientras tanto, los hijos de Imelda, que tenían tres y cuatro años, y que habían quedado al cuidado de Zoraya durante la tarde, veían una película en la televisión. Cerca de las ocho de la noche, la pareja de Imelda pasó a buscarlos en el carro y recorrieron el kilómetro y medio que separa una casa de la otra. Zoraya vio (porque desde su casa, que está en el valle, se ve con claridad la entrada de la otra casa, que está en el cerro, más aún con las luces del carro prendidas, iluminando la cerrazón de la noche) cómo el auto estacionó y todos se bajaron.

Pasaron algunos minutos. Luego, de repente, Zoraya vio que las luces del carro volvían a encenderse y que este emprendía la bajada. Se dirigían a la casa del cuñado de Imelda, quien vivía, como ya se ha dicho, al lado de Zoraya.

"¿No estaba muy cansada?", recuerda haber pensado Zoraya, con ese reproche maternal que también se ha repetido infinidad de veces a lo largo de la historia.

Por eso, se quedó pendiente. Y a eso de las diez de la noche alcanzó a ver cómo el carro tomaba camino al cerro y se tranquilizó: iban de nuevo a su casa.

La señal de alerta llegó entre la una y las dos de la madrugada. La pareja de Imelda, a quien llamaremos Antonio con la intención de nombrar lo innombrable, llegó corriendo a casa de Zoraya.

Antonio vestía una chamarra color vino y botas grandes del trabajo. Estaba nervioso y bañado en sudor.

—Su hija ya se fue. Se fue con otro hombre —le dijo a Zoraya—. La busqué por todos lados y no la encuentro.

—¿Cómo? ¿Cómo se va a ir así? Está embarazada y desde la tarde me dijo que se sentía mal —respondió Zoraya, confundida.

Antonio insistió: que se había ido con otro, con un "güey", con un hombre.

—Vamos a buscarla —dijo, finalmente, Zoraya.

Lo que siguió fue precisamente eso: la búsqueda de Imelda.

Lo recorrieron y revisaron todo: los corrales, los matorrales, los arbustos, las calles, las banquetas, los rincones, los caminos, las colinas.

Zoraya, desesperada, golpeó la puerta de la casa de la madre de Antonio, pero nadie respondió. Siguió con la puerta de los hermanos de Antonio, quienes vivían en el mismo predio. Nada. Continuó gritando, implorando y llamando a Imelda. "No puede estar muy lejos", recuerda que pensó.

No sabe cuánto tiempo estuvieron buscando entre las sombras. Sabe, sin embargo, que en algún momento regresaron a la casa donde vivían Antonio e Imelda con sus hijos. Y que ahí vio, en una silla junto a la puerta, la chamarra, la bolsa y los zapatos de Imelda.

—¿Cómo puedes decir que se fue si aquí están sus cosas? —le dijo enfurecida a Antonio—. ¿A dónde se va a ir descalza?

En ese momento, el hijo mayor de Imelda apareció en la puerta de la habitación.

—Abuelita, ¿buscas a mi mamá? —preguntó el niño mientras sacaba una pequeña linterna de la habitación—. Ten. Para que veas mejor.

Ese gesto la dejó paralizada. Por su cabeza pasaban mil pensamientos entremezclados, revolcados y confusos. Al reconstruir todo aquello, solo se acuerda de algunas preguntas: ¿por qué no marqué a la policía? ¿Por qué la familia de Antonio no salía? ¿Qué más podía hacer?

Las piezas no encajaban y Zoraya lo sabía. En algún momento de aquella noche eterna, que verá en sueños y pesadillas durante años, Antonio se fue hasta una barranca que se encontraba a 500 metros de la casa. Zoraya no lo siguió. Estaba enojada, exhausta, paralizada. Lo siguiente que recuerda es a Antonio sentado en la sala de la casa con la respiración agitada y la frente sudorosa.

—Ya dime la verdad... ¡¿Qué pasó? ¿Dónde está?! —gritaba Zoraya.

Antes de que Antonio respondiera, Zoraya alzó la vista y vio a su hija, parada junto a la puerta. Estaba golpeada, descalza, llena de lodo, con espinas en las rodillas y con el pelo hecho una maraña. Sangraba profusamente. Y miraba como sin ver, como un fantasma. Entre todas las cosas que se dijeron esa noche, Zoraya recuerda una en particular. Imelda le preguntó a Antonio qué había pasado con su hijo y él, despacio, le respondió que estaba muerto.

Durante los minutos siguientes las acciones se empalmaron: Zoraya tapó a Imelda con una manta mientras le rogaba a Antonio que la llevara con un médico. Antonio, al principio, se negó, argumentando que no tenía dinero, a la vez que platicaba con uno de sus hermanos, quien abrió la puerta después de varias horas. Finalmente, Antonio accedió a llevar a Imelda al Hospital General de Ixtlahuaca "Valentín Gómez Farías", un pequeño centro de salud ubicado sobre la carretera Ixtlahuaca-Jiquipilco. Cuando llegaron ahí, Antonio le dijo a Zoraya: "Las dejo en la puerta y voy a avisar en mi trabajo que voy a ausentarme. Vuelvo al rato". Pero, claro, Antonio nunca regresó. Antes de irse, eso sí, le dijo a Imelda que, si contaba lo que había pasado, iba a hacerles daño a sus otros dos hijos.

"Hay ocasiones en las que uno, que pensaba que lo tenía todo, siente cómo, de repente, lo pierde todo". Es como si la estabilidad fuera un objeto raro y pequeño que pudiera deshacerse en nuestras manos, un día cualquiera, sin dejar rastro alguno; desinflarse como un globo o aterrizar, pecho tierra, como los cometas cuando el viento cesa. Sí, hubo advertencias, señales, alertas de que aquello podría ocurrir. Pero no así, no de manera tan abrupta, no con tanta violencia. Imelda me dirá, más de 18 años después de aquella noche, que nunca creyó que esta historia pudiera ocurrirle a ella. No lo imaginó, no lo vio venir. Y el horror acabó con todo lo que había construido.

En el hospital atenderán, al menos durante las primeras horas, sus golpes y desgarres. Le dirán que tuvo un parto —que, ahora sabemos, fue un parto fortuito ocasionado por la golpiza recibida— y le preguntarán, en repetidas ocasiones, dónde está el bebé. No sabemos quién llamó a las autoridades. Pero el 22 de febrero, a las 12:00 horas, llegaron los policías ministeriales y una trabajadora social al centro de salud. Sin abogado presente, violando así el derecho de defensa de Imelda, le tomaron testimonio mientras yacía en la cama. Entretanto, llevaron a Zoraya a recorrer, hasta tres veces, la barranca de Santa Cruz para encontrar lo que estaban buscando.

Sobre esa noche, Imelda dice poco. Yo tampoco le pregunto. Pero lo poco que dice es, si esto es acaso posible, mucho, muchísimo: "Al principio tenía pesadillas. Soñaba que me estaba ahorcando o me estaba matando. Sí, pensé que me iba a morir. De hecho, ya al final, cuando me desmayé y todo esto, yo sentía que iba cayendo en un pozo oscuro. Escuchaba ruido alrededor, escuchaba perros, hasta sentía la sensación de tenerlos alrededor de mí, pero yo iba cayendo en un pozo, como un abismo negro, negro. Pero pues… regresé".

Cuando regresó, no encontró ayuda ni contención. Por el contrario, luego de que las autoridades hicieron caso omiso ante el pedido de ayuda que se materializó en el intento de denuncia por violencia ante el MP de Ixtlahuaca, el 23 de febrero, apenas un día después de haber llegado al hospital, Imelda fue acusada de homicidio en razón de parentesco y trasladada al anexo femenil de la cárcel estatal de Ixtlahuaca; una estancia de unos 25 metros cuadrados, construida sobre la azotea de una vieja cárcel.

"¿La van a dejar así, sin atención médica?", preguntó Zoraya cuando se enteró de la detención. Luego, con ayuda de su padre y de otros familiares, logró que una médica ginecóloga fuera a atenderla al penal.

—No me consiguieron una perito en ginecología, pero al menos mi familia me consiguió una ginecóloga —recuerda Imelda.

—¿Y ustedes lo pagaron? —le pregunté.

—Sí.

—¿Y qué pasó con ese informe?

—Se perdió.

—¿Cómo se perdió? —le pregunté, incrédula.

Imelda y Zoraya se miran como si fuera la pregunta más tonta o más compleja del mundo. Luego, me responden:

—Sí, se perdió. Nunca apareció en la carpeta ni nada. Se perdió.

En México, las cosas se pierden. Se pierden documentos oficiales, pruebas periciales, testimonios, personas. Desaparecen las niñas y las mujeres, desaparecen los hombres jóvenes, los no tan jóvenes, los ancianos. Desaparecen las personas con órdenes de aprehensión, desaparecen documentos militares, informes, carpetas de investigación enteras. Al final, las ausencias repetidas terminan por cimbrar el sistema mismo, y es entonces cuando desaparece la justicia. Se va esfumando, poco a poco, se diluye, se pierde. Y ahí todos perdemos. Pero algunos pierden más que otros.

Zoraya buscó de inmediato a un abogado para su hija. Le habló a su padre, a sus hermanos, a sus conocidos. Finalmente, un hombre de traje y corbata, con buenas referencias, se presentó ante la familia: "Yo le voy a ayudar, no se preocupe. Su hija va a salir libre, pero necesitamos 200 000 pesos".

La colecta fue frenética. Nuevamente, Zoraya recurrió a la familia, los hermanos, los padres, los conocidos. Pidió prestado y se endeudó. Terminó vendiendo su casa para poder pagar los gastos. "Dios me dio manos para trabajar", pensaba Zoraya. Un día, el abogado le dijo que a su hija la iban a liberar y la citó en las afueras del penal de Ixtlahuaca. Él ni siquiera se presentó. Imelda, por supuesto, siguió en prisión.

La sentencia llegó un año después de su detención. Estaban seguros de que iba a ser absolutoria. En la sala, Zoraya, la abuela de Imelda y otros familiares ocupaban las sillas del juzgado. Y, aunque no hay palabras para describir lo que sintieron cuando la jueza dijo que la sentencia era condenatoria y que Imelda cumpliría 45 años en prisión, basta con saber que todos intentaron mantenerse fuertes. No llorar, no gritar, no romperlo todo.

La abuela, sin embargo, no resistió y se desmayó en los juzgados. Ya afuera, cuando su familia no podía verla, Imelda también se desplomó y sufrió de una parálisis facial causada por el estrés.

"No se preocupe, en la apelación la sacamos", dijo el abogado, que ya traía 200 000 pesos en la bolsa y ningún resultado.

La condena, no obstante, fue ratificada. Zoraya echó al abogado y se puso a buscar a uno nuevo. Mientras tanto, Imelda pasaba sus primeros años en prisión.

"Cuando llegué a Ixtlahuaca conocí a una muchachita. Y ella como que me instruyó. Ella venía de Almoloya y ya sabía; entonces me enseñó a trabajar", me dijo Imelda.

"Me decía: 'No te juntes con tal persona', 'Ten cuidado con eso', 'Ponte abusada con tal'. Porque hay personas que te hablan así, como que muy bonito, pero solo lo hacen para sacarte cosas. Así como que te dan su amistad para que les compres cosas. Casi casi que las mantienes", agregó.

Y es que en las cárceles todo está a la venta y todo se compra: las galletas, el agua, las sopas instantáneas, las tarjetas para usar los teléfonos, la pasta dental, el jugo, los refrescos, el champú. A veces, hasta las complicidades. Y, si lo permites, también las amistades.

Los años de encierro de Imelda transcurrieron entre manualidades y talleres. El anexo femenil del penal de Ixtlahuaca se había instalado, de forma más o menos irregular, más o menos informal, en la azotea de la cárcel de hombres: tenía una estancia, un comedor y un pequeño patio. Las instalaciones, diminutas, no permitían que hubiera más de 30 o 35 mujeres a la vez. De hecho, en la estancia no cabían todas juntas: por eso se subían a las camas —varias literas de tres pisos que compartían por las noches— cuando querían platicar.

Evidentemente, ese módulo violaba varias —si no todas— de las normas asentadas en la Ley Nacional de Ejecución Penal. Por ejemplo, aquella que señala que el internamiento femenil se debe hacer en espacios independientes y separados de los lugares de internamiento de los hombres. Sin embargo, Imelda asegura que, al ser un penal tan chico, con tan pocas internas, aquello también tenía sus ventajas. "Teníamos muchas actividades: nos dejaban tejer y bordar. Nos daban conferencias y talleres, lavábamos platos, hacíamos el aseo, cocinábamos, enjuagábamos las cobijas. Siempre estábamos ocupadas. Hasta teníamos nuestras plantitas, que el jitomate, que el chile, y ahí todas nos entreteníamos, porque les cambiábamos la tierra y las macetas, les poníamos abono para que crecieran mejor".

Imelda sigue enumerando tareas mientras se talla las uñas de una mano con la otra. Había días, cuenta, que les tocaba hacer el aseo en la oficina de la directora. Era una señal de confianza, porque allí había documentos, papeles importantes, cosas que no deberían estar a su alcance. A ella se lo asignaban con frecuencia porque era del grupo de las organizadas, las que no protestaban y trabajaban mucho. Lo mejor del caso era que en la oficina había una pequeña ventana desde la cual se veía la calle. Ver los árboles, el cielo, la tierra, los perros que pasaban, los autos, las banquetas, los postes de luz, el pasto la hacía, asegura, proyectarse. Para Imelda, la mejor forma de pasar los días en prisión era recordar que ella no era de la cárcel, que no se iba a quedar allí para siempre.

A los cuatro años, en 2009, llegó el momento de presentar el amparo. Un abogado con corbata había sustituido al primer abogado con traje y había cobrado unos 150 000 pesos de honorarios. Zoraya vendió y vendió todo lo que tenía, trabajó y trabajó todo lo que pudo. Sus nietos, los hijos de Imelda, que ahora estaban a su cuidado, también aportaban dinero para sus gastos, cuando no estaban en clases: el mayor vendía latas de aluminio, con las que sacaba 200 pesos por costal, mientras que la menor ofertaba dulces a los niños y niñas de su escuela. Imelda, desde el penal, vendía a través de alguna amiga o familiar las manualidades que tejía y bordaba. Todos aportaban, los grandes, los chicos y los medianos. Los hermanos, los tíos y los abuelos. Pero el amparo fue rechazado. Según les dijeron, todo lo que se había hecho en relación con el caso estaba mal. Los años pasaron y, como nadie les avisó, se les agotaron las instancias judiciales para defenderse: ya no había nada más que hacer.

En los años cuarenta, el psicólogo estadounidense Donald Clemmer acuñó el término *prisionalización* para describir la forma en la que las personas privadas de su libertad asimilan e internalizan la subcultura carcelaria durante su adaptación intramuros. A partir de ese momento, autores como Stanton Wheeler, Loïc Wacquant, John Irwin y, más recientemente, John Pratt, Felipe Pardo o Alejandro Romero han estudiado y repensado las formas en las que interactúan las personas privadas de su libertad. Lo han pensado, por cierto, desde una perspectiva profundamente masculina. Las mujeres constituyen, con cifras del INEGI de 2022, solo el 5.6 por ciento de la población carcelaria total del país. Por lo tanto, ni las prisiones ni los estudios ni los análisis ni la infraestructura ni los servicios están pensados para mujeres ni por mujeres. En las últimas décadas, con el auge de las movilizaciones feministas en el mundo y la lucha incansable por visibilizar los impactos diferenciados de género, la discusión alcanzó, también, el ámbito de las mujeres privadas de su libertad. Organizaciones como Reinserta, EQUIS Justicia, CEA Justicia Social, Artículo 20 o Mujeres por la Libertad han trabajado en campo y en métodos para arrojar luz sobre un tema que, históricamente, se ha mantenido en la sombra. Así fue como, por ejemplo, se descubrió que las mujeres enfrentan condenas más largas que los hombres por haber cometido el mismo delito o que muchas mujeres cometen delitos tras haber sido impulsadas por sus maridos o parejas masculinas. También se revelaron las afectaciones producidas en niños y niñas que nacían en reclusión y que no podían ver el horizonte.[4] A esas infancias, la proyección les es negada.

Imelda no vio el horizonte, pero sí una rendija, a lo lejos, por la cual se colaba la luz. Fue en 2017 cuando una compañera del penal le habló de la fundación Mujeres Construyendo y de las abogadas que acompañaban casos de mujeres injustamente encarceladas, que no habían tenido acceso a una defensa adecuada o cuyas instancias se hubieran agotado. Imelda cumplía con esos tres supuestos. Y, aunque las esperanzas, en esos días, ya eran pocas, se contactó a la licenciada María de Lourdes González y la doctora Leticia Fernández para hablarles de su caso.

"Yo le llevé el expediente hasta México", recuerda Zoraya. "Le dije a mi hermana: 'Acompáñame, que tú ya conoces México', y nos fuimos las dos con ella [Leticia]. Y desde ese momento tomó el asunto en sus manos. Fue la primera persona que creyó en Imelda, sin conocerla".

Tras la lectura del expediente, siguió la visita presencial. El día que platicamos, en octubre de 2022, Leticia me contó sobre la concatenación de impedimentos que incluso a María de Lourdes y a ella les dificultó ingresar al penal: trámites burocráticos, obstáculos innecesarios, semanas de mandar escritos y hablar con las autoridades del penal. "Cuando finalmente la conocimos, nos quedamos muy impactadas", aseguró Leticia. "Es una señora muy callada y en su cara se refleja todo el sufrimiento que había vivi-

---

[4] Adriana Villarreal, "Una mirada psicoanalítica hacia la niñez invisible en los reclusorios. Una luz al final del túnel", *Cuadernos de Psicoanálisis*, vol. XLIX, 2016, pp. 126-133.

do. Nos contó lo que había ocurrido como en una película de terror. Y, en su caso, ya había una sentencia".

Aun así, el equipo de Mujeres Construyendo tomó la defensa. Primero estuvo en manos de María de Lourdes —o Lulú, como le dice Zoraya— y después Leticia se puso al frente, especialmente cuando llegó la pandemia de covid-19 a México, en 2020. Las deficiencias en el proceso judicial eran muchas y graves. En primera instancia, la toma de testimonio que le hicieron a Imelda fue sin la presencia de un abogado. En segunda, hubo una ausencia absoluta de dictámenes en medicina legal. Después, se sumaba la falta de pericia y hasta de voluntad de todos y cada uno de los abogados que habían participado en el proceso: nadie puso de manifiesto la evidencia que se desprendía del cuerpo mismo de Imelda, que demostraba, fehacientemente, que no había posibilidad de que las lesiones vaginales y en el canal de parto hubieran sido autoinfligidas. Era materialmente imposible.

"El propio certificado médico que vino del expediente clínico del hospital determinaba que había habido manipulaciones prolongadas en sus genitales", me explicó Leticia, "y el perito nos dice que no es posible que alguien se haga eso a sí misma. Esto venía acompañado de muchos desgarres a nivel de vagina, equimosis en piernas y abdomen". Nadie preguntó o a nadie le interesó. Y el expediente hubiera seguido apilado en el despacho de algún abogado u olvidado por la jueza que dictaminó el caso si no fuera por Mujeres Construyendo y por la incansable búsqueda de Zoraya, quien no pensó ni una sola vez en claudicar.

El trabajo, sin embargo, recién estaba comenzando. Con el expediente en mano, María de Lourdes y Leticia comenzaron a entrevistarse con todos los actores que habían estado involucrados en el proceso judicial: personal del Ministerio Público y del Juzgado Penal de Ixtlahuaca, así como y con el visitador general de la zona. Acudieron a la Comisión Nacional de los Derechos Humanos, hicieron escritos y solicitaron indultos, una medida aprobada por el presidente Enrique Peña Nieto en octubre de 2013, gracias a la cual se lo facultaba para indultar a personas sentenciadas cuyos derechos humanos hubiesen sido violados gravemente. Nada, nada, nada. Los avances eran mínimos y la resignación se iba instalando, lentamente, como un velo.

Mientras tanto, Antonio disfrutaba de la vida. O, al menos, de su libertad. No sabemos qué ocurrió a partir del día que dejó a su pareja, la madre de sus hijos, desangrándose en la puerta de un hospital después de haberla amenazado. Según Imelda y Zoraya, los rumores —que en las comunidades pequeñas corren a mayor velocidad que el viento— indicaban que había pasado una temporada en Estados Unidos. Sabemos, sin embargo, que en algún momento del proceso interpuso un amparo contra la orden de aprehensión que se libró tras los hechos. Estuvo prófugo durante un tiempo (esa figura que, en México, puede significar que nunca nadie movió un dedo para buscarlo) y después regresó a su casa, a la vista de todos, cuando el delito prescribió. Esta dicotomía es solo un botón de muestra del sistema de justicia del país: mientras 9 de cada 10 delitos no se castigan, en 2021 se registró una sobrepoblación carcelaria en 172 de los 288 centros penitenciarios del país,[5] es decir, el 60 por ciento.

Una tarde, el hijo mayor de Imelda vio a su padre caminando por el pueblo. Venía con una playera sin mangas, en compañía de un primo. El rencor añejo, guardado en el pecho, le impidió bajar la mirada. Se le acercaron cada vez más, lo siguieron, se le

---

[5] Cifras del Órgano Administrativo Desconcentrado de Prevención y Readaptación Social (OADPRS) a marzo de 2021.

pegaron, casi podían tocarle los talones. Antonio bajó la cabeza y siguió caminando. Su hijo, al menos biológicamente hablando, se quedó con las palabras atoradas en la garganta. "Me hubiera encantado desquitarme", le dijo a su abuela.

Mientras tanto, los años pasaron y también los gobiernos. En abril de 2020, la Cámara de Senadores aprobó, en lo general y en lo particular, la llamada Ley de Amnistía, una propuesta enviada por el presidente Andrés Manuel López Obrador que buscaba liberar a personas encarceladas que cumplieran con ciertas condiciones. Además de ser necesario tener una sentencia firme, no ser reincidente y no haber usado un arma de fuego, los delitos eran limitados: transporte o posesión de narcóticos, aborto o delitos cometidos por personas indígenas cuyas garantías se hubieran visto vulneradas. Las debilidades de esta ley ya se han mencionado, pero basta con recordar que solo aplica para delitos federales, lo cual deja de lado todos los casos que corresponden al fuero común, es decir, la mayoría. Sin embargo, Leticia y María de Lourdes vieron la oportunidad y decidieron intentarlo. De lo perdido, lo que aparezca, se dijeron.

"De acuerdo con la Ley de Amnistía ciertos casos se llevan ante juez de control y ciertos otros ante la Comisión Especial", me explica Leticia. "Los casos donde hay violaciones a los derechos humanos o en los que es muy claro que no se ha cometido el delito se llevan ante la Comisión. Y esa fue nuestra estrategia, allí empezamos a trabajar con la Comisión de los Derechos Humanos".

Pero, antes de llegar a la Comisión de Derechos Humanos del Estado de México, apareció Dalila Sarabia. El contacto llegó a través de una activista de la colectiva Mujeres por la Libertad, una organización feminista que trabaja por la reinserción social y la

128

justicia, y que Zoraya conoció mientras golpeaba las puertas de todo aquel que pudiera ayudar a su hija. Mentiría si dijera que puedo describir a Dalila con objetividad: es de las mejores periodistas, de las más trabajadoras, de las más solidarias y a la que he recurrido en infinidad de ocasiones para que me explique, aconseje y contextualice.

Dalila, durante sus estudios de maestría en Periodismo, se fue especializando en contar las historias de mujeres privadas de su libertad y las condiciones de las cárceles mexicanas. "De manera cotidiana", me dice mientras agita las manos, "las colectivas me están diciendo: 'Hay un caso en Santa Martha', 'Checa este otro caso en Tepepan'. Así llegó el enlace con Zoraya".

Dalila, que trae una cola de caballo, como siempre, y unos lentes de armazón negro que por momentos se le deslizan sobre la nariz, recuerda, entonces, el primer mensaje de Zoraya, la sorpresa de esa primera llamada en la que le contó todo lo que había ocurrido al detalle. Y retrata uno de los dilemas que todo periodista que trabaja con víctimas tiene: la dicotómica y, por momentos, contradictoria forma en la que intentamos, con todas nuestras herramientas, no revictimizar. Y es que necesitamos saber cuáles fueron los hechos para poder contar la historia.

No importa cuántas veces le asegures a tu entrevistada que no hay nada que tenga que responder si ella no está cómoda; no importa, tampoco, la forma en la que insistas en hacer una pausa cuando percibes incomodidad: la sensación de que uno se inmiscuye en la vida de las personas y en sus recuerdos más dolorosos se queda en el cuerpo, en la mente y, a veces, también en el texto.

Esto último es una percepción mía, pues Dalila tiene otra: "Yo lo primero que hago es transmitirle a la otra persona que estoy a disposición. Siempre y cuando ellas quieran y siempre que se sientan tranquilas para poder platicar, seguras. También soy clara, les digo: 'Mire, lo que yo quiero hacer es platicar su caso. Yo quiero que el caso de su hija se dé a conocer, se publicaría en tal lugar y de tal forma'. Y, cuando son personas privadas de su libertad, les pregunto si quieren que use su nombre o se resguarde la identidad. Porque incluso cuando ellas piden el apoyo no es tan fácil decir su nombre completo y el penal en el que están, por ejemplo. Desde mi cancha, lo que puedo hacer es publicar la historia y hacerles llegar el *link* a las autoridades".

Eso fue lo que ella hizo. Dalila publicó la historia de Imelda en el medio digital *Animal Político* en agosto de 2022 y le mandó su trabajo a la Comisión de Derechos Humanos del Estado de México. Días antes, se había reunido con la presidenta de la Comisión, Myrna Araceli García, y le había preguntado: "¿Cuántas mujeres hay presas por abortar en la entidad?". La respuesta, evidentemente, había sido "cero". En ese momento, le contó de Imelda y de cómo había llegado a prisión. Para ese entonces, Imelda llevaba 17 años privada de su libertad.

"Me hicieron varias preguntas", recuerda Dalila. "Que cuántos años tiene la mamá, que dónde vive, quién la revisó, qué organizaciones llevaban el caso. Al final, la Comisión tomó el caso de Imelda y la propia presidenta la fue a entrevistar. Yo estaba muy contenta: [los periodistas] no somos Ministerio Público, pero este tipo de cosas te dan un poquito de esperanza".

Para ese momento, Imelda ya había sido trasladada al penal de Nezahualcóyotl Sur, una muralla gris con portones verdes, que para Zoraya fue una nueva sentencia: no podrás visitar a tu hija.

El traslado fue noticia en medios nacionales: "Trasladan a 31 presas hacinadas en Ixtlahuaca a otros centros penitenciarios",[6] "Transfieren a 135 reclusas al penal femenil de Nezahualcóyotl",[7] "Recibe penal femenil de Neza a 135 mujeres reclusas".[8]

Fue un operativo masivo que las autoridades emprendieron el martes 5 de octubre de 2021 en medio de la noche. Allí se cerraron de forma definitiva los módulos femeniles de los penales de Ixtlahuaca, Jilotepec, Zumpango y Texcoco por violar la Ley Nacional de Ejecución Penal y tener múltiples irregularidades, como la falta de separación entre hombres y mujeres, entre mujeres sentenciadas y en proceso judicial o, como en el de Ixtlahuaca, el sobrecupo penitenciario.

Esa noche, 135 mujeres llegaron a Nezahualcóyotl Sur sin saber a ciencia cierta qué estaba ocurriendo. El periodista Humberto Padgett hizo la cobertura para el espacio de Ciro Gómez Leyva en Imagen Televisión desde el penal de Ixtlahuaca. En las imágenes se ve a mujeres llorando, desconsoladas, mientras las autoridades aseguran que es por su bien y que el módulo no reunía las condiciones de dignidad. En efecto, las imágenes muestran también instalaciones diminutas, sucias, insuficientes y con nulas condiciones en duchas, sanitarios y espacios comunes. Sin embargo, para Imelda, lo que vino después fue peor.

"En Ixtlahuaca cocinábamos nosotras y ya sabíamos cómo aprovechar la comida", asegura. "Allá no. Allá teníamos que comer lo que nos diera la empresa y cocinaban las económas y pues… estaba bien feo. Al principio no queríamos comer y las que ya estaban en ese penal nos decían: '¿Qué comían en su penal?, ¿caviar o qué?'. Y no… pero no estaba tan feo. Las cosas que nos

[6] *Excélsior*, octubre de 2021.
[7] *La Jornada*, octubre de 2021.
[8] *Así Sucede*, octubre de 2021.

daban, mal preparadas. El arroz batido, el huevo con un montón de cascarones, las enchiladas hechas con puré, las tortillas todas tiesas. Y, además, nos servían muy poquito. Una cucharadita. Ya en la cena ponían todo lo que había sobrado en unos peroles y cada quien iba con una cuchara. Si eras de las primeras, tenías suerte. Si no, ya estaba todo lleno de baba".

La comida era solo una parte del problema. Para Imelda y sus compañeras de Ixtlahuaca fue difícil adaptarse a un penal tan grande, pues pasaron de vivir con 31 compañeras a hacerlo con cientos. Para Zoraya, además, se volvió imposible ir a visitar a su hija y llevar a sus nietos: desde el costo del pasaje hasta las horas de viaje lo volvían una tarea insostenible. Imelda, entonces, se quedó sola.

Un año después del traslado de Imelda junto a tantas otras presas, la presidenta de la Comisión de Derechos Humanos del Estado de México llegó al penal de Nezahualcóyotl Sur y se reunió con ella.

Allí la entrevistó, le preguntó, la escuchó, le explicó, le respondió y, finalmente, se decidió. La Comisión tomó el caso y se dispuso a acompañar a la organización Mujeres Construyendo y a la propia Zoraya para ingresar el trámite de solicitud de amnistía.

Dicha solicitud ya no era sobre la ley federal, sino sobre la local, publicada en el *Periódico Oficial Gaceta de Gobierno* el 5 de enero de 2021, con reglas similares a las que había expedido el gobierno federal: se les podría otorgar el beneficio a las personas sentenciadas por el delito de aborto, delitos contra la salud que se hubiesen cometido en situación de extrema pobreza o marginación, por indicación de un cónyuge o pareja, o a las personas indígenas, afromexicanas o campesinas que no hubieran recibido una defensa justa.

Después de 17 años de letanía, las cosas empezaron a moverse con rapidez. Primero, dentro de los medios de comunicación, donde la noticia se replicó en periódicos y canales de televisión. Después, dentro del mismo sistema de justicia, que, ya con el apoyo de la Comisión, comenzó finalmente a operar con efectividad. O, al menos, con una pizca menos de indiferencia. "Yo espero que con esto al fin le den su libertad", me dijo Zoraya la primera vez que hablamos por teléfono. "Si algún error tuvo mi hija fue el de haberse enamorado".

Durante los primeros días de enero de 2023, varias visitas llegaron hasta el penal de Nezahualcóyotl: Leticia, la abogada, con el afán de ir a buscar información que pudiera solventar el caso ya presentado para solicitar la amnistía; y las autoridades de la Comisión que daban seguimiento a la solicitud. "¿Alguna novedad?", se preguntaban Zoraya e Imelda cada vez que hablaban por teléfono. La respuesta siempre era la misma: hay que esperar. El 17 de enero el ritual se repitió, pero, al momento que Zoraya iba a responder, le entró otra llamada. "Mañana vuélveme a marcar", le dijo a Imelda y cortó la comunicación. Al día siguiente, después del primer pase de lista que se hace religiosamente a las seis de la mañana, las guardias dieron una orden peculiar: "Guarden sus cosas. No queremos ver nada colgando de las rejas, ni ropa, ni toallas, ni cobijas, nada".

El ambiente estaba enrarecido. A las siete de la mañana bajaron por el desayuno y, mientras se lo subían a la estancia de una compañera, una de las custodias llamó a Imelda: "No se me vaya a perder, porque la van a notificar y no quiero andar gritando", le dijo. Más raro aún. El desayuno fue lento y lleno de incertidumbre. "Notificar" podía significar muchas cosas distintas; algunas buenas y otras malas. Imelda lo intentó todo: llamó al celular de su madre, llamó a su casa; nadie respondió. Volvió a intentarlo, mientras los pesos de su tarjeta de teléfono iban disminuyendo, hasta que Zoraya le respondió.

—¿Dónde estás? —dijo Imelda, casi gritando.

—Estoy acá afuera —respondió su madre.

—¿Y a qué viniste?

—Vine a una entrevista, pero ahorita nos vemos.

Imelda se quedó petrificada. No quería ilusionarse, no quería pensar de más. Una de sus compañeras se le acercó y le preguntó qué pasaba. Imelda lloró y lloró y solo atinó a expresar que tenía miedo: la espera había terminado, pero el resultado aún era incierto.

A las nueve de la mañana hicieron el segundo pase de lista y, a los pocos minutos, la llamaron a la oficina. Apenas abrió la puerta vio a los trabajadores de la Comisión que habían intervenido en su caso: uno junto al otro, haciendo una fila.

"Ya está todo listo", dijo uno de los abogados. "Metimos los papeles, hicimos la solicitud y en unos 20 minutos vendrán a notificarte sobre la resolución. Esperamos que sea favorable, pero no podemos asegurarte nada".

Otra vez el llanto, los nervios, el nudo en el estómago. Imelda abrazó a todos y cada uno de los que estaban en la sala.

Independientemente del resultado, ellos eran de los pocos que habían confiado en ella; la única autoridad que había mostrado compasión y la había escuchado. Antes de que terminara, llegó el documento: la amnistía había sido concedida.

En las fotos que recogió la prensa aquel día, se ve a Imelda con una media sonrisa y la carta de notificación en la mano. El pelo ligeramente revuelto, atado en una cola de caballo, una sudadera verde y la expresión de quien todavía siente que está soñando.

Zoraya, sus hijos y su hermana esperaron afuera para darle el primer abrazo. También las autoridades, las abogadas, el personal de la Comisión, Dalila y otros reporteros que cubrieron la nota.

Inmediatamente, comenzaron las preguntas de la prensa: "¿Qué se siente estar afuera?", "¿Qué viene para ti ahora?". El sonido de la cámara disparando y las sonrisas de los funcionarios que posaron en las imágenes. Cuando todo terminó, Imelda se fue a su casa. Eran las 10:30 del 18 de enero de 2023.

Semanas después de la liberación, Imelda y Zoraya me recibieron en la casa que han logrado adquirir, con ayuda del gobierno, después de haberlo vendido todo. Unos 30 metros cuadrados, dos pequeñas recámaras y un altar con figuras de vírgenes y santos.

Hablamos durante horas mientras tomábamos café. El sol empezó a golpear con fuerza por la ventana. Afuera, tierra, árboles, gallinas, vacas, perros, aves. Adentro, la remembranza.

Y, a lo lejos, la casa de Antonio: no nos separaba de esta más de un kilómetro.

# ALLÍ HAY UNA MUÑECA

Las dudas acompañan a este texto. O, mejor dicho, me acompañan a mí.

No podría hacer el recuento exacto de las veces que me pregunté si contar estas historias tendría algún sentido o si era yo la persona adecuada para narrarlas, mientras afuera —de mi círculo, de mi alcance— hay mujeres mejor preparadas o con mayor experiencia en el terreno, mujeres que dedican su vida a generar un cambio.

Allá afuera está la guerra. Y ahí están las luchadoras que ocupan la primera línea de batalla. Miles de Verónicas, Ximenas y Karlas que, con el cuerpo por delante, enfrentan, resisten, abrazan, acompañan. Y aunque el lenguaje escrito puede rozar los límites de lo fútil, porque a veces miles de palabras acumuladas no cambian el rumbo de una vida, el lenguaje es la última resistencia ante el olvido.

Y acá hablo desde el cuerpo: ese campo de batalla que habitamos a diario y en el que se libran los combates más personales y políticos. Hablo desde el periodismo, porque alguna vez me dijeron que uno tiene que escribir e investigar sobre lo que le indigna. Pero solo se investiga desde la irrenunciable y agotadora limitación de ser uno mismo. Por eso, esto tengo que decirlo, también hablo desde el privilegio. Y los privilegios no se ponen ni se quitan como si fueran una camiseta. Pero sí se asumen y se estudian.

Una de las primeras feministas que incorporó el concepto de *interseccionalidad* en el debate —al menos desde el ámbito teórico— fue Kimberlé Crenshaw; era 1989 y fue en Estados Unidos. Intentaba explicar cómo interactúan las distintas categorías de etnia, género y clase para demostrar que no hay feminismo posible —ni análisis de ningún tipo— si solo se tienen en cuenta las luchas de las mujeres blancas, cisgénero, de clase media o alta y, por lo tanto, privilegiadas. Ella escribió: "La noción de *interseccionalidad* refiere a los procesos —complejos, irreducibles, variados y variables— que en cada contexto derivan de la interacción de factores sociales, económicos, políticos, culturales y simbólicos". Más tarde, el concepto fue desarrollado, analizado y ampliado por otras académicas feministas, así como por activistas en general. Hoy es parte intrínseca de la discusión de género. Y si se es una mujer blanca, cis y privilegiada —como yo—, es imprescindible incorporar todas estas nociones antes de abrir la boca. A veces, es necesario quedarse callada y solo escuchar. Y es que, como es natural, una también se equivoca.

Es 12 de abril de 2021. La pandemia es un cohabitante conocido, cercano, y, sin embargo, la falta de contacto físico no se ha vuelto un recuerdo lejano, sino una necesidad cada vez más real, tangible y evidente. Aun así, platicamos por videollamada. De hecho, platicamos sobre el cuerpo de otras mujeres desde lo incorpóreo de internet. Del otro lado está Javier Cruz Angulo, sentado en un lugar que podría ser una sala, un estudio o una recámara. Detrás de él hay un librero, algunos objetos apilados y una guitarra. Javier, como lo mencioné antes, había sido parte de la defensa del "caso Guanajuato", desde la Clínica de Interés Público del CIDE.

—Ha pasado mucho tiempo —me dice desde el inicio de la conversación.

Once años, para ser exactos.

De todas formas, intenta reconstruir escenas de ese entonces y conversaciones con Verónica Cruz, así como la estrategia legal que emplearon para conseguir la liberación de las mujeres guanajuatenses.

—Fue cuando se empezó a discutir las controversias constitucionales. ¿Te acuerdas de que Veracruz y Baja California modificaron lo del derecho a la vida? Fue en ese periodo que estaba muy efervescente lo del derecho a la vida. Ahí recuerdo que conocimos a Regina Tamés (abogada especialista en derechos humanos y exdirectora de GIRE), ahí conocimos a su abogado y ahí conocimos a Vero. Pero estaba muy efervescente el ambiente sobre el tema. Era un norte totalmente distinto de lo que hoy se está discutiendo, ¿no? Hoy la discusión está en que se legalice el aborto y no en las mujeres que estuvieron en prisión por aborto esquina homicidio en razón de parentesco.

Hubo un silencio largo. Las palabras de Javier parecían estar refiriéndose a sucesos lejanos, como si la criminalización de las mujeres formara parte de un pasado superado, resuelto. ¿Significa, entonces, que ya no hay mujeres presas acusadas de homicidio?

—¿Crees que esto ya no ocurre? —insisto.

—No tenemos conocimiento de un caso actual, pero no me llamaría la atención. Lo que pasa es que hay muchas organizaciones no gubernamentales que han hecho un gran esfuerzo. Verónica, GIRE, que trataron de mapear el país. Es que es imposible. Hoy sería muy difícil afirmar que esta práctica no está ocurriendo en lo oscurito. Que disminuyó, sí. En las grandes ciudades como Guanajuato y Querétaro, a partir de casos emblemáticos, esta práctica casi podría decirse que está eliminada, sí. Pero yo diría que hay lugares recónditos del país, lugares inaccesibles donde sería imposible, porque hay que hacer entrevistas carcelarias para cerciorarse de por qué las mujeres están siendo imputadas.

Es más o menos por esta misma época que aparece el caso de Malena. Y, aunque las dudas ya se han instalado como parte del paisaje escrito —o de la vida o de los procesos o de todo lo demás—, la historia de Malena viene a dar respuesta, al menos, a una pregunta. Porque claro que sí hay mujeres en situación de cárcel por emergencias obstétricas. Solo hay que encontrarlas.

La casa de Malena Ramos[1] está en una localidad que difícilmente aparece en los periódicos nacionales.

El Ejido Nayarit —o Nayarit, a secas—, en el municipio de Mexicali, Baja California, forma parte de la delegación Estación Delta —o Delta, a secas—, fundada en 1926 en honor a la estación del ferrocarril que pasaba por ahí en su trayecto entre Sonora y Baja California.

El Ejido Nayarit está rodeado por otros ejidos, como el de Oaxaca, Sonora, Nuevo León o Cucapah Indígena, ninguno de los cuales tiene más de 3 000 habitantes y todos los cuales se encuentran a más de 30 kilómetros de la capital del estado. Llegar en transporte público requiere de, al menos, dos transbordos.

El Ejido Nayarit es uno de esos lugares a los que Javier se refería: alejados de la Ciudad de México, recónditos e invisibles para la garantía de derechos. Quizá fue por eso por lo que, a más de

---

[1] Esta historia está reconstruida a partir de entrevistas con María, madre de Malena; con José Luis Gutiérrez, abogado que acompaña el caso, y de la sentencia del procedimiento abreviado.

10 años del primer caso emblemático de homicidio en razón de parentesco asociado a una emergencia obstétrica, el sistema de justicia le pasó por encima a Malena.

Era de noche, más de las ocho, según los testimonios. Fue el 3 de octubre de 2015. Malena sintió como si le apretaran las tripas: tenía dolor en el estómago y malestar. Como vivía con sus dos hijos, sus padres, sus hermanos y la familia de estos, no resultaba extraño que el baño —el único baño— se encontrara ocupado. Por eso, salió al patio de la casa y se dirigió a la letrina.

Aquí quiero hacer una aclaración: recordará el lector que estas historias empezaron en un baño. Y que los hay grandes, medianos o chiquitos. Que los hay en el interior de la vivienda o al aire libre, con drenaje o sin él. En México, el 4.5 por ciento de los baños no tienen drenaje, mientras que el 16 por ciento están conectados a una fosa séptica, según el último censo del INEGI.[2] Solo 7 de cada 10 están conectados a la red pública. La letrina de la casa de Malena —donde todo empezó— forma parte de esos 3 de cada 10 que no están conectados a la red. Es de madera y tiene más de un metro de profundidad. De noche, está completamente oscuro. Y entonces...

Entonces, hay dos formas de contar esta parte del relato. La primera proviene de las autoridades y la transcripción exacta que quedó asentada en el juicio abreviado en un juzgado de Mexicali. A este fragmento se lo denominó "hechos", como si con una sola palabra se pudiera simplificar un mundo, como si con un sustantivo se pudiera determinar un cúmulo de acciones, emociones y pensamientos desordenados. La única persona que estuvo presente

[2] Instituto Nacional de Estadística y Geografía (INEGI), Censo de Población y Vivienda, 2020.

en ese momento fue Malena. Pero a ella, como ya vimos que sucede casi siempre, no le preguntaron cuáles fueron los *hechos*. Sus propios *hechos* fueron determinados por otros.

Las autoridades aseguraron que Malena dio a luz a una niña y decidió arrojarla al interior de la letrina y taparla con tierra para que no fuera descubierta.[3] Dio a luz. Decidió. Arrojó. Tapó. El lenguaje puede ser una resistencia ante el olvido o un arma para defender las falacias más inverosímiles. Para las autoridades de Baja California la opción fue la segunda. Decidió. Arrojó. Tapó. Una secuencia que demuestra el dolo e intención y que borra, por lo tanto, cualquier otra interpretación de lo que ocurrió esa noche, excluyendo la emergencia, el estado de *shock,* el accidente, la confusión, el contexto. Pero, entonces…

Entonces, hay otra forma de narrar este momento: meses antes, Malena se había hecho una prueba de embarazo que dio positiva. En aquel momento se lo dijo a José,[4] su pareja. No sabemos qué dijo él, exactamente, en aquella conversación; lo que sí sabemos es que no quiso participar del embarazo, que tampoco ayudó a Malena y que no la acompañó. Más tarde, José dirá lo siguiente ante las autoridades: "Yo tuve un noviazgo con Malena, pero terminamos porque era una relación explosiva. Ella después me dijo que no llegaba su regla y que qué íbamos a hacer y yo le dije que la iba a apoyar, pero no estaba seguro de que el hijo fuera mío y entonces ya no tuvimos contacto".

Malena y José no volvieron a hablar. Poco tiempo después, ella volvió a hacerse una prueba de embarazo. Esa segunda prueba resultó negativa, por lo que pensó que todo estaba bien, que

---

[3] Transcripción textual de la sentencia emitida en procedimiento abreviado, causa penal 02809/2015.
[4] Este nombre fue cambiado para proteger la identidad.

había sido falsa alarma, que la vida —siempre a pesar de uno mismo— seguía, seguiría como antes. Pero la vida siguió por el camino que primero se había anunciado y que después se había escondido.

Fue un sábado, luego de las ocho de la noche. Malena había pasado el día trabajando en el supermercado, donde era cajera. Pero esa noche, como ya dije, su cuerpo no reaccionaba igual que siempre: sentía dolores y ardor, como si alguien le apretara las tripas. "Me duele la panza, voy al baño", le dijo a María, su madre. Y, también lo dije ya, como el baño estaba ocupado (un hermano, un sobrino), decidió ir a la letrina del patio.

Afuera estaba oscuro. El malestar de Malena crecía, la hacía retorcerse. De repente, sintió un jalón. Vino la sangre. Aún no sabemos qué pensó Malena ni qué sintió ni qué hizo a continuación. Porque la historia de Malena es una historia de silencios y vacíos. Un rompecabezas que se construye entre abogados y familiares y del cual me falta más de una pieza. Vacíos. Huecos.

Mientras busco cómo entrevistar a Malena (viajar a Baja California, ingresar al penal, sentarme frente a ella), doy con María, su madre. Y converso con ella el 8 de abril de 2021, a casi seis años de aquella noche.

—¿Qué recuerdas del 3 de octubre de 2015? —le pregunto.

—Mmm… No, nada. Todo normal —me responde.

—¿Nada?

—Mmm… Nada —repite.

—¿Y cuándo fue que te enteraste de lo que había pasado?

—Mmm… Otro día.

María inicia todas las oraciones murmurando una duda. Los labios cerrados y un pequeño soplo de aire se cuela entre ellos. Como si no recordara o no quisiera recordar. He esperado 20 mensajes, varios meses y algunos pedidos —que parecieron ruegos— para hablar con ella y, sin embargo, ahora no sé qué más preguntarle. ¿Es posible que no recuerde nada de ese 3 de octubre? Me quedo en silencio mientras pienso si acaso será momento de abandonar este camino.

Sigo:

—¿Al día siguiente?

—Mmm… Sí. Yo solo sé lo que me dijo mi nieto. Me dijo que había una muñeca. O sea, él le dijo a su mamá que había una muñeca y entonces ella vino y me dijo que parecía un bebé lo que había ahí. Y yo pues… mmm… me quedé sorprendida. Un bebé, ¿cómo que un bebé? Y ya fui a ver, pero no. No traía lentes, no podía ver. Y entonces sí, ya salió mi hijo y me dijo que era un bebé lo que había ahí. Y yo me quedé pensando… ¿Qué hago? Y como aquí hay una comandancia, aquí en el Ejido, yo fui a avisar. Avisar que parecía un bebé. Les dije que quizá era una muñeca, que luego me iban a estar regañando por andar alarmando. Y ya el que me atendió me dijo: "Vale madres que sea una muñeca", y ya. Ahí fue cuando vinieron, ya me dijeron que sí y empezaron las… las investigaciones.

Ahí fue cuando todo empezó. O cuando todo terminó.

La semana en la que hablé con María, dormí pésimo. Repasaba, una y otra vez, la imagen de la muñeca que no era una muñeca y el bebé que tampoco era del todo un bebé. Imaginé la escena: una letrina oscura y personas asomándose ahí para develar el misterio. Lo hablé en terapia. Lo soñé. Reconstruí, con la pura imaginación, el momento de la caminata desde la casa de Malena hasta la comisaría del Ejido. Unas siete calles, en su mayoría de tierra, y la aterradora sensación de no saber que con ese aviso se desataría el mismísimo infierno.

A Malena la trasladaron al centro de salud del Ejido Guadalupe Victoria por un desgarre vaginal y abundante pérdida de sangre. Paralelamente, las investigaciones se habían puesto en marcha y, con ellas, la sentencia anticipada que se formula en la cabeza de quienes dicen estar investigando.

El año que la vida de Malena cambiaría para siempre, 2015, paradójicamente, también fue un año de conquistas.

En la capital del país, la discusión pública sobre violencia digital había empezado a tomar relevancia y se había publicado una tipología de agresiones contra las mujeres a través de las tecnologías, hecha por la organización SocialTIC, Luchadoras y la Asociación para el Progreso de las Comunicaciones.

Olimpia Coral Melo, activista y feminista poblana, empezaba, a su vez, a impulsar reformas al Código Penal para tipificar como delito la difusión sin consentimiento de imágenes íntimas, lo que derivaría en la llamada "ley Olimpia". En Quintana Roo se inició el procedimiento para decretar una alerta de género estatal ante el aumento de las violencias contra las mujeres, que acabó declarándose el 7 de julio de 2017, y otros municipios del Estado de México, Guanajuato y Morelos la emitieron ese mismo año.

Además, en 2015, la scjn emitió la histórica sentencia a favor de Mariana Lima, que marcó un antecedente en la investigación de las muertes violentas de mujeres en el país. La ley para la interrupción voluntaria del embarazo en la Ciudad de México llevaba entonces ocho años en vigor. Mientras todo esto ocurría —en este país que en realidad son muchos países—, en la ambulancia que recorrió varios kilómetros de la carretera 38 que va rumbo a Guadalupe Victoria, Malena lloraba. "No quiero que me quiten a mis hijos", le dijo a su madre, camino del hospital, entre el pavor y la hemorragia que, como si fueran uno mismo, no se detenían. Después de estar internada una semana en recuperación, Malena fue trasladada a la Procuraduría General de Justicia en calidad de detenida. Nunca le mostraron una orden de aprehensión.

—¿Crees que el de Malena fue un proceso justo? —le pregunto a María aquel 8 de abril de 2021 mientras la luz de la tarde desaparece entre los edificios.

—Mmmm… pues yo creo que no, porque nunca fueron a hablar con ella. Nunca hablaron con ella, ni platicaron de los hechos, nada. A ella se la llevaron el 23 de octubre. A mí me dijeron que le iban a hacer unas preguntas, pero de ahí ya nunca volvió.

—¿Y dónde está ahora Malena? —inquiero.

—En Ensenada, Baja California.

—¿En el penal de Ensenada?

—Sí.

—¿Y usted la visita?

—Mmmm… Ahorita no. Tengo un año sin verla por la pandemia.

—¿Y antes?

—Sí, iba cada mes o cada dos meses, según mis circunstancias económicas. Pero es difícil.

María me describe, paso a paso, el camino que debe tomar para llegar al penal y ver a su hija. Antes del covid-19, los sábados, muy temprano, tomaba dos transportes hacia Mexicali; allí pasaba la noche y el domingo, aún más temprano, tomaba otro camión para llegar a Ensenada. El domingo, después de la visita, emprendía el recorrido inverso: camión a Mexicali, pernocte, camión y otro camión. A veces, con los hijos de Malena, sus nietos; otras veces, sin ellos. Un viaje de tres días para una visita de no más de dos horas. Y el tiempo que no pasa, detenido.

La defensa de Malena la llevaron, en un inicio, los abogados designados de oficio: Jorge Guadalupe Corvera y Marcos Álvaro Elver Silva. La sentencia se emitió, al igual que las otras 9 de cada 10 que se dan en Baja California, mediante procedimiento abreviado.[5] Es decir, una terminación anticipada del proceso, antes de llegar al juicio oral, mediante la cual el acusado —en este caso, Malena— reconoce su culpabilidad sobre los hechos a cambio de algún beneficio. "Si vamos a juicio, le van a dar 30 años. Si acepta el juicio abreviado, serán 18", le dijeron. Las opciones, entonces, se vieron nuevamente reducidas a cero. Infierno largo o infierno corto. O, como dice GIRE, maternidad o castigo.[6] Para Malena fue castigo.

El 9 de septiembre de 2016, la jueza de control de Mexicali, Sandra Sofía Rubio Díaz, dictó una sentencia de 18 años de prisión y una multa por reparación del daño de 705 206 pesos mexicanos al progenitor del producto, es decir, a José, quien, después de enterarse del posible embarazo, no volvió a hablar con Malena. La sentencia no salió en los periódicos ni en los noticiarios. Nadie reclamó ni exigió ni se asombró ni condenó enérgicamente. Nadie ni siquiera se enteró de lo que ocurría en ese juzgado de Mexicali, donde una mujer de 32 años estaba siendo condenada por homicidio agravado por razón del parentesco consanguíneo. En los hechos, Malena había tenido una emergencia obstétrica, pero para el Estado era una asesina.

---

[5] En 2020, 97 por ciento de las sentencias emitidas por la Fiscalía General de Baja California fueron mediante procedimiento abreviado. Información obtenida mediante la solicitud 1700217421.

[6] Grupo de Información en Reproducción Elegida (GIRE), *Maternidad o castigo. La criminalización del aborto en México*, México, GIRE, 2018.

La historia del mundo occidental es una historia de mujeres que han sido borradas. Rebecca Solnit lo describe a la perfección: "Elimina a tu madre, después a tus dos abuelas, después a tus cuatro bisabuelas. Retrocede más generaciones y cientos, después miles, desaparecen".[7] Este silencio impuesto atañe a todos los ámbitos: el político y social, el económico, el de las dinámicas familiares. Se entreteje desde las entrañas del sistema y atraviesa todos los órganos del gran cuerpo-país. Las historias que aquí se narran, sin embargo, son relatos protagonizados exclusivamente por mujeres. No hay hombres acusados ni corresponsabilidades en materia de paternidad, ni siquiera hay grandes redes de hombres en los entornos familiares o íntimos, salvando alguna excepción. Los hombres, en estos casos, solo aparecen como jueces o abogados, autoridad moral o legal cuya palabra define un destino. Esto no es aleatorio. No es, ni siquiera, descabellado. Es el reflejo de una sociedad cuyas tareas de cuidado han sido históricamente relegadas a las mujeres: una sociedad de madres y abuelas.

En 1997, el Programa de Naciones Unidas para el Desarrollo (PNUD) advirtió: "Ninguna sociedad trata a sus mujeres tan bien como a sus hombres". Ni las reformas jurídicas ni las movilizaciones masivas ni el #MeToo ni los textos académicos han logrado modificar esta realidad. Somos ciudadanas de segunda que, sistemáticamente, quedamos en la primera línea de ataque.


Los detalles del caso de Malena los obtuve a través de sus actuales abogados, de su madre y de la transcripción de la sentencia emitida,

---

[7] Rebecca Solnit, *Los hombres me explican cosas*, Madrid, Capitán Swing, 2017.

en procedimiento abreviado, con causal penal 2809/2015. Llegué a ellos gracias a José Luis Gutiérrez, director de la organización Asistencia Legal por los Derechos Humanos (AsiLEGAL), que se encarga de investigar, litigar y capacitar a periodistas, activistas y funcionarios en materia de derechos humanos.

La primera vez que lo entrevisté fue como lanzar un volado, como un anzuelo tirado al mar. Por aquella época me encargaba de preguntarles a todos los que quisieran escucharme si conocían el delito de homicidio en razón de parentesco, si conocían casos, si estaban al tanto de que en este país (luego me enteré de que también sucede en muchos otros) había mujeres que estaban encarceladas por haber tenido emergencias obstétricas.

La respuesta era, siempre, negativa. Pero aquel 23 de febrero de 2021, José Luis me dice que sí. Sí está al tanto. Y sí conoce casos. "Hemos hecho una documentación de casos de emergencias obstétricas y partos fortuitos. Hemos acompañado a algunos de ellos en Guerrero, Baja California, Durango. Hemos identificado que, en estos casos, cuando le dicen a la persona que está siendo juzgada por parricidio u homicidio en razón de parentesco, a veces piensan que sí lo son, que son homicidas".

José Luis usa lentes de marco grueso, tiene el pelo corto, la cara redonda y habla atropellando las palabras. Mientras salta de un caso al otro, un perro negro da vueltas entre sus piernas, luego se sienta y se para otra vez, buscando su atención.

"Querétaro es donde más hemos detectado este tipo de casos y donde, lamentablemente, no pudimos hacer nada. Ni con amparos, ni con nada. Ahí tenemos varios casos que están en esa situación, casos que encontramos en 2011, 2012. Tenían sentencias de 30, 33 años y, por más que empujamos el acompañamiento jurídico y hubo mesas de diálogo con la Secretaría de la Mujer de

Querétaro, no pudimos hacer nada. Los documentamos, por supuesto. Donde sí pudimos trabajar fue en Durango, en Guerrero y en Baja California. En Baja California, de hecho, tenemos un caso activo, el de una joven, Malena".

Esa es la primera vez que escucho su nombre. La primera de muchas.

José Luis continúa: "Es una mujer que sentía fuertes dolores en el vientre, va a la letrina, puja y expulsa el producto. Ahí se ahoga, se pierde. Su mamá es la que se da cuenta de que hay un producto ahí, su mamá no sabía que ella estaba embarazada. Ese es otro patrón de la criminalización: la mayoría de las mujeres no sabían que estaban embarazadas u ocultaron su embarazo. Pero hay que entender los contextos, la violencia a la que están sometidas. En el caso de Malena fue bajo el nuevo sistema de justicia penal, fue un juicio abreviado. En AsiLEGAL le denominamos la *nueva tortura,* porque ahora te presionan para que te vayas a un juicio abreviado y ya el caso no se investiga. Mucho menos con perspectiva de género".

La *nueva tortura* se puso en marcha en 2016, con el objetivo de solucionar los conflictos de una manera más eficiente, rápida y expedita, a la vez que se buscaba disminuir el uso excesivo de la prisión preventiva y las cargas laborales a las que defensoras y defensores públicos se ven sometidos. En 2019, por ejemplo, se radicaron 4626 carpetas de ejecución en Baja California, lo que significó que cada defensor o defensora tuvo un promedio de 671 carpetas al año, unas 55 por mes. Más de una por día. ¿Cómo era posible llevar todos esos casos a juicio oral y defenderlos de forma adecuada?

El nuevo sistema de justicia penal encontró mejoras para ciertos problemas jurídicos, pero creó otros nuevos. Ese mismo año, en Baja California, 90 por ciento de los juicios fueron de forma abreviada y 9 de cada 10 acusados aseguraron que la presión para aceptar esta modalidad fue ejercida por el defensor público o por el propio juez.[8]

"Lo más fuerte del caso de Malena es que a ella le imponen una reparación del daño de 700 000 pesos para el perpetrador", prosigue José Luis. "Lo que hicimos nosotros al tomar el caso fue ir preparando todo para una libertad anticipada o condicional. Lo que quisimos fue hacer prescriptible la multa o reparación del daño, y fue terrible porque tuvo que ir el tipo a perdonarle la multa".

Tras hablar del caso de Malena, José Luis enumera varios otros: el de Mariana, una estudiante de Baja California que, después de un parto fortuito, fue condenada por homicidio; se argumentó que, al ser estudiante de química, ella no podía ignorar lo que estaba sucediendo. El de Carmen, una joven veracruzana, voceadora de periódicos, que, tras fuertes dolores en el vientre, fue trasladada en una silla de ruedas de la Cruz Roja y, cuando sintió ganas de ir al baño, los paramédicos le indicaron que no podía hacer sus necesidades ahí y la mandaron a un baño público. Carmen tuvo un parto fortuito, se desmayó, perdió sangre y el producto murió por el trauma craneoencefálico. A Carmen la encontraron 40 minutos después y los paramédicos, en lugar de darle atención, llamaron a la policía, que se la llevó detenida. Y la lista sigue.

Las que no van a salir son todas esas mujeres que no conocemos y de cuyos casos no nos enteramos.

Con José Luis hablé varias veces más: para intentar visitar a Malena en la cárcel, para revisar los avances en el caso, para con-

[8] José Luis Gutiérrez Román (coord.), *A cuatro años del cambio: retos, perspectivas y logros de la ejecución penal en el estado de Baja California*, México, AsiLEGAL, 2021.

tactar a la familia, para la entrega del expediente y para volver a entrevistarlo. Hasta el momento, ninguna de las estrategias de defensa ha funcionado. Malena Ramos no tenía orden de aprehensión ni acompañamiento jurídico idóneo cuando fue sentenciada. Tampoco puede ver a su madre ni a sus hijos. El equipo de AsiLEGAL no ha podido ni siquiera acceder al expediente completo. A Malena no he logrado entrevistarla. Su historia es una concatenación de *noes* que se teje desde la cárcel. Los demás, los que están afuera, aún continúan intentando sacarla.

Hacia el final de nuestra conversación, María, la madre de Malena, me dice: "El licenciado y Dios tienen la última palabra".

VII

# UNA REALIDAD
# TRANSFRONTERIZA

Técnicamente, Dios no habla. Sin embargo, la idea de su existencia y la red de preceptos construidos a su alrededor, que se ha ido tejiendo durante siglos de historia en torno a aquellos que acompañan —o deberían acompañar— una vida aceptable a sus ojos, han tenido consecuencias en todas las sociedades del mundo. A veces, materializadas en empatía. Otras, en prejuicios y persecución. En ocasiones, en guerras enteras.

En 2019, *Alharaca* y *Revista Factum* coprodujeron la investigación "Mamás asesinas: un cuento del Estado",[1] que revelaba historias como las que he relatado en estas páginas, pero con sede en El Salvador. La periodista María Cidón, junto con su equipo, consiguió 39 sentencias públicas, proporcionadas por la Corte Suprema de Justicia salvadoreña, de mujeres que, después de tener un parto prematuro o una emergencia obstétrica, fueron sentenciadas por homicidio agravado.

Los parecidos entre estos casos y los de nuestro país son estremecedores: docimasia pulmonar como única prueba, mujeres de escasos recursos revictimizadas, estereotipos y estigmas en boca de servidores públicos. En estos relatos hay, además, un elemento que es común a muchos de ellos: el embarazo fue producto de

---

[1] María Cidón y Julia Gavarrete, "Mamás asesinas: un cuento del Estado", *Revista Factum/Alharaca*, 2019. Disponible en https://www.revistafactum.com/madres asesinas/index.html.

una relación extramarital. Este detalle, que a simple vista es insignificante, se vuelve una herramienta que, aunque rebasa cualquier sistema normativo, es usada por los juzgadores como prueba de "inmoralidad", como si se sentenciara con la Biblia en lugar de hacerlo con el Código Penal.

En el caso de Manuela —narrado en "Mamás asesinas"—, el parto prematuro ocurrió el 27 de febrero de 2008 en una fosa séptica. Su marido, con el que tenía dos hijas, había emigrado desde hacía cinco años a Estados Unidos y ya ni siquiera se acordaba de mandarle dinero para la manutención de sus pequeñas: la relación hacía tiempo que se había acabado. Lo verdaderamente importante es que Manuela esa noche perdió mucha sangre, se desmayó en varias ocasiones y su familia, asustada ante lo que ocurría, la trasladó al hospital de la zona. El producto, de unas 28 semanas de gestación, no sobrevivió.

Durante las investigaciones, sin embargo, los testigos y el juez omitieron el contexto de Manuela; no tomaron en cuenta su situación de salud, ni las condiciones de vulnerabilidad en las que se encontraba, como tampoco el golpe que había sufrido días antes y que pudo haber sido el detonante de la emergencia obstétrica. Toda su atención estuvo puesta en lo que, desde el inicio, se había convertido en la única opción viable para la justicia salvadoreña: Manuela no quería tener al bebé y lo había asesinado. La condena, entonces, fue una redundancia. En 2008, seis meses después de su detención, el Tribunal de Sentencia de San Francisco Gotera resolvió que Manuela debía pasar 30 años en prisión. La justicia se puso otra vez del lado de la Iglesia: habló de culpas e inmoralidades, de instinto maternal e infidelidad. Como en una escena escrita por Margaret Atwood para una secuela de *El cuento de la criada*, los jueces aseguraron: "El único motivo que tenía la imputada era evitar la crítica pública o el rechazo de su esposo por la infidelidad cometida".

Dos años más tarde, Manuela murió por un cáncer linfático con diagnóstico tardío. Según el Centro de Derechos Reproductivos de El Salvador, el cáncer explicaba la emergencia obstétrica que Manuela había sufrido y por la que había sido condenada. Manuela jamás sabrá que su caso alcanzó la Corte Interamericana de Derechos Humanos (CIDH). Y es que algunas demoras son imposibles de subsanar.

Lo cierto es que, en El Salvador, la garantía de derechos suele llegar con retraso. Al momento, hombres y mujeres transgénero no pueden modificar sus documentos oficiales acorde con su identidad de género, a pesar de que, en 2022, la Suprema Corte de Justicia instruyó a la Asamblea Legislativa a legislar en la materia. El aborto está prohibido incluso en situaciones en las que la salud de la persona embarazada esté en riesgo, cuando el embarazo sea producto de una violación o cuando el feto presente complicaciones graves incompatibles con la vida extrauterina. Algunas sentencias de la CIDH, como las que se han logrado en el caso de Manuela y otros vs. El Salvador, o la que está en proceso mientras se analizan, por primera vez en la historia de ese país, las consecuencias de la restricción absoluta del aborto mediante el caso de Beatriz (una mujer que solicitó la interrupción de su embarazo al enterarse de que el feto se desarrollaba sin cráneo ni cerebro mientras su propia vida corría peligro por una enfermedad preexistente), han marcado antecedentes relevantes para las mujeres salvadoreñas; no obstante, los derechos sexuales y reproductivos siguen violándose un día sí y el otro también.

La llegada de Nayib Bukele a la presidencia del país profundizó las restricciones en todos los ámbitos. Mientras se autoproclamaba un "instrumento de Dios", dio un discurso, en febrero de 2023, ante militares y elementos de la policía salvadoreña, en el que les agradecía su labor en la controvertida estrategia de seguridad que ha implementado durante su gobierno: detenciones masivas y endurecimiento de las políticas carcelarias. En 2022, el empresario y político salvadoreño decretó un régimen de excepción y presentó el proyecto de construcción de la cárcel más grande de América Latina. Con lugar para 40 000 internos: 23 hectáreas divididas en ocho pabellones carcelarios con altos niveles de seguridad y tecnología. Las fotos, sin embargo, materializaron las promesas en advertencias. En las imágenes, se observan hombres desnudos, rapados, esposados y sentados en el piso, como en una fila siniestra que recuerda las peores guerras de la historia. Hombres despojados de su condición humana. Sin rostro, sin ojos, puro cuerpo desnudo y tinta sobre él. Muchos de ellos habían cometido crímenes atroces. Otros, quién sabe.

La cifra de detenciones ascendió a 65 000 para marzo de 2023. Dicho de otra forma, el 2 por ciento de la población adulta del país se encuentra en prisión. Varias organizaciones de la sociedad civil denunciaron violaciones masivas a los derechos humanos y documentaron 153 muertes de personas bajo custodia del Estado.[2] Además, hubo al menos 41 casos de detenciones arbitrarias y ataques de la fuerza de la seguridad pública contra población sexodiversa,[3] además de 181 mujeres con sentencias de hasta 50 años por haber tenido una emergencia obstétrica entre 1998 y 2019.[4]

---

[2] Cristosal, *Un año bajo el régimen de excepción: una medida permanente de represión y de violaciones a los derechos humanos*, San Salvador, Cristosal, 2023.
[3] AMATE El Salvador.
[4] Alberto Romero de Urbiztondo (coord.), *Del hospital a la cárcel. Consecuencias para las mujeres por la penalización, sin excepciones, de la interrupción del embarazo en El Salvador, 1998-2019*, San Salvador, Agrupación Ciudadana por la Despenalización del Aborto, 2019.

De ellas, siete aún enfrentan procesos penales abiertos. A pesar de esto, las estadísticas rara vez muestran el panorama completo. Un país bordado en violencia vio disminuir, con la misma estrategia violatoria, sanguinaria y ruin de seguridad, los homicidios dolosos: de 105 asesinatos por cada 100 000 habitantes en 2015, a 8 por cada 100 000 en 2022. El 1 de diciembre de ese año, los salvadoreños descubrieron, con incredulidad, que habían transcurrido 24 horas sin que un ser humano disparase o arrancase las tripas de otro. Así pasaron 14 días más. Eso hubiera sido impensable algunos años antes. Absolutamente inimaginable. Tal vez sea esa la razón por la que, al momento de esta publicación, 91 por ciento de la población de El Salvador apoya al presidente Bukele;[5] el 50 por ciento asegura, además, que le es igual vivir en una democracia que en una dictadura.[6]

Durante la escritura de este texto, varias personas cercanas me enseñaron las notas que referían, de un modo u otro, a esta temática. A modo de ejemplo o de recopilación del terror generalizado, pondré los titulares de algunas de ellas: "Dan 50 años de cárcel a mujer que tuvo aborto espontáneo en El Salvador",[7] "Rosita: 4 934 noches en una cárcel de El Salvador por perder un bebé durante un parto",[8] "Una niña de 11 años de Teresina, Brasil, podría ser obligada por su madre a dar a luz por segunda vez tras haber sido violada por su tío",[9] "We're Not Going back to the Time before Roe. We're Going Somewhere Worse",[10] "'No puedo tener este bebé': así es una solitaria clínica de abortos

[5] *LPG Datos*, 2023.
[6] Latinobarómetro, 2018.
[7] *Excélsior*, 4 de julio de 2022.
[8] *El País*, 20 de diciembre de 2022.
[9] *AJ en Español*, 21 de septiembre de 2022.
[10] *The New Yorker*, 24 de junio de 2022.

en la frontera",[11] "Naciones Unidas condena a Perú por vulnerar los derechos de una niña víctima de violación juzgada por abortar".[12] La cartografía de la criminalización se expande más allá de las fronteras y, como en una epidemia, va repitiéndose, contagiándose y replicándose con similitudes absurdas. Y en lugar de decirnos que no estamos solas, la situación parece sugerir que, en cualquier parte del mundo, las mujeres estamos igual de jodidas.

Nuestro mundo amaneció un poco peor el 3 de mayo de 2022. El medio estadounidense *Politico* había tenido acceso a un borrador inicial de una opinión mayoritaria de la Corte Suprema de Estados Unidos, escrita por el juez Samuel Alito. En este se adelantaba la anulación de la sentencia de Roe vs. Wade, que protegía el aborto en aquel país, de forma constitucional, desde 1973. La noticia llegó con una oleada de indignación, furia y cierta incredulidad: parecía extrapolada de otra época, como una viajera en el tiempo que no ha encontrado la manera de volver a casa. Las organizaciones se pusieron en alerta, las mujeres salieron a las calles, los medios buscaron con celeridad a expertas que pudieran dar entrevistas. Nada fue suficiente.

El 24 de junio de 2022, la Corte Suprema anuló la sentencia, con cinco votos contra cuatro, con lo cual echó en saco roto, de golpe, décadas de derechos adquiridos. El juez Samuel Alito escribió: "Roe fue un error garrafal desde el principio. [...] Su razonamiento fue excepcionalmente débil y la decisión ha tenido consecuencias perjudiciales". Fue entonces, sin embargo, cuando comenzaron las verdaderas consecuencias perjudiciales.

---

[11] *The New York Times*, 7 de mayo de 2022.
[12] *El País*, 13 de junio de 2023.

Melissa Ayala, abogada de GIRE, asegura que, desde una perspectiva jurídica, la sentencia estuvo mal encarada: "Roe fue una sentencia paradigmática, pero, desde el momento en el que se emitió, se emitió mal. Estuvo basada en el derecho a la privacidad. No desde una perspectiva de igualdad, no discriminación u obligación del Estado, sino de las cosas que los privados pueden hacer o no pueden hacer y hasta dónde el Estado puede interferir. Y eso fue lo que permitió que los antiderechos pudieran tirarla".

En efecto, la sentencia de 1973 asegura que "el derecho constitucional a la privacidad es lo suficientemente amplio como para incluir la decisión de una mujer de interrumpir o no su embarazo", pero no habla de derechos sexuales, obligaciones del Estado ni salud pública. Aun así, Roe había cumplido con su labor: durante más de 45 años fungió como garante del derecho al aborto para todo Estados Unidos. Hasta 2022, cuando un grupo de personas poderosas dejó en la indefensión a millones de mujeres impotentes. En 2019, Rebecca Solnit describió la conquista feminista de la narrativa sobre el poder de esta forma: "Existe el viejo tópico de que el conocimiento es poder. La posibilidad contraria rara vez se airea. Los poderosos se envuelven en el olvido para evitar el dolor ajeno y su relación con él. Se les ocultan muchas cosas y se les excluye de las esferas de los pobres y los desamparados. Cuanto más eres, menos sabes".[13] Las y los jueces actuaron como si no supieran nada. Como si los antecedentes del derecho a decidir les fueran ajenos, como si los tratados internacionales no existieran, como si ignoraran que, tal y como se grita en las manifestaciones feministas, las ricas abortan y las pobres mueren. Quizá el poder y el prejuicio sesgaron su entendimiento. Quizá lo sabían todo y aun así no les importó.

---

[13] Rebecca Solnit, *¿De quién es esta historia?*, Barcelona, Lumen, 2023.

Para Joy Ochoa Martínez, especialista en teoría del género y feminismos, el revés a Roe vs. Wade desató el pandemónium. "Se transfiere como un tema político", asegura Joy sin disimular el enojo en su voz, "y queda a discreción de los estados y los votantes. Esto es muy peligroso y ha dado lugar a cosas como las que ocurrieron con la mifepristona: un juez en un pueblo chiquitito de Texas falló para que la FDA, que se encarga de la regulación de alimentos y medicamentos en Estados Unidos, suspendiera la aprobación de la mifepristona que llevaba vigente desde el 2000".

El caso llegó también ante el máximo tribunal de justicia del país. Y, aunque esta vez la Suprema Corte protegió el uso de la mifepristona, anulando las medidas cautelares contempladas, la batalla legal por el aborto continúa. El país que ostenta ser el centro mundial de las libertades se encuentra hoy con leyes más restrictivas que Uruguay, Argentina y algunos estados de México.

Pero esto no es todo.

Una tarde lluviosa en Buenos Aires, Argentina, hice un descubrimiento.

Tras revisar, durante varios minutos, los estantes de feminismo en una librería de avenida Santa Fe, un libro titulado *Dicen que tuve un bebé*[14] se plantó ante mis ojos. Siete mujeres. Siete historias que se repiten. Siete ocasiones en las que el sistema judicial, como lo indica el subtítulo, sentenció por homicidio a mujeres que habían tenido un parto prematuro o una emergencia obstétrica. Algunas de ellas murieron en prisión; otras cumplen sentencias de

[14] María Lina Carrera, Natalia Saralegui Ferrante y Gloria Orrego-Hoyos, *Dicen que tuve un bebé. Siete historias en las que el sistema judicial encarcela mujeres y a casi nadie le importa*, Buenos Aires, Siglo XXI Editores, 2020.

más de una década en algún lugar recóndito del país. Muchas fueron violadas. De hecho, una de ellas fue violada en el barrio de mi adolescencia.

Ese capítulo, titulado "Paloma. Para mí nació muerto", empieza así: "Podría ser un barrio alejado de la CABA [Ciudad Autónoma de Buenos Aires]. Podría ubicarse en una zona rural donde las escuelas no existan y la atención médica fuera imposible de alcanzar. Podría ser un lugar desolado sin calles ni medios de transporte. Podría ser un punto difícil de encontrar en un mapa, donde se confundan los límites de propiedad y las redes de telefonía no llegaran. Pero no".[15] Me consta. San Fernando, a pesar de sus múltiples carencias, es un barrio con escuelas, centros de salud y numerosas conexiones de transporte con la capital. Tiene restaurantes, librerías, casino, tiendas y feria de artesanos los domingos. Tiene, también, una desigualdad palpable. Como en muchos de esos barrios de la zona norte del Gran Buenos Aires, los contrastes están divididos por una línea invisible pero evidente. Una villa, como son conocidas las zonas marginales en Argentina, puede colindar con una casona de fin de semana con alberca y jardín. Mientras yo me juntaba con amigos o me enamoraba o me escapaba de antro en los buses que salían desde ese mismo lugar (cosas que pasaron en la plaza principal de San Fernando), Paloma fue violada. Producto de esa violación, quedó embarazada y, algunos meses después, mientras estaba sentada en el baño de la casa de sus tíos, sintió que algo se desprendía. Según el expediente, narrado en *Dicen que tuve un bebé,* Paloma miró durante cinco minutos al "bebé" que había salido de sus entrañas: tenía los ojos cerrados. Nunca lloró.

[15] *Ibid.*, p. 49.

En 2012, Paloma fue condenada a seis años y ocho meses de prisión por abandono agravado por el vínculo. Su abogado, José Hernández, continuó luchando. Al final, logró que Paloma fuera absuelta y que se le otorgara asistencia psicológica, psiquiátrica y social. El capítulo concluye: "Paloma fue violada, pero nadie lo supo. Dejó la escuela tres veces, pero a nadie le importó. […] Paloma declaró que había pensado que la bebé estaba muerta, pero nadie la escuchó. Declaró que había sido violada, pero los tribunales se enfocaron en otra parte de la historia. […] Tres años y tres meses debieron pasar para que la fiscalía, la defensa y el Tribunal de Casación la escucharan y, finalmente, la absolvieran por un hecho que nunca debió haber atravesado".[16]

Ese es uno de los siete casos que las autoras María Lina Carrera, Natalia Saralegui y Gloria Orrego-Hoyos describen en el libro. En diciembre de 2022, hablé con Gloria por videollamada. Ella, desde Washington. Yo, desde la Ciudad de México. Gloria es abogada y académica. Cuenta con un posgrado en Derecho Constitucional. Se especializa en derechos humanos y derechos de las mujeres. Como suele pasar con las grandes decisiones o con los momentos definitorios, las autoras llegaron a descubrir la trama de criminalización casi sin darse cuenta. "Empezamos a buscar en las noticias y por internet", me explica Gloria. "Lo hacíamos después de las cuatro de la tarde o en nuestros horarios de comida. No teníamos financiación ni un proyecto de investigación formal. Lo hicimos porque nos dio curiosidad. Como las tres somos profesoras, queríamos discutir el tema en clase o escribir un artículo; así empezamos".

Al poco tiempo descubrieron que el problema estaba en las palabras. Mejor dicho, en la elección de estas. Los casos se escon-

[16] *Ibid.*, p. 64.

dían ante búsquedas relacionadas con la palabra "aborto", pero salían de su escondite al revisar, por ejemplo, noticias que incluyeran los términos "horror", "asesinato" o "bebé". No fue fortuito. La batalla en el campo semántico está intrínsecamente relacionada con los movimientos sociales: conquistar el lenguaje es, en esencia, ganar el lente a través del cual se le da lectura al mundo. En el periodismo, esta batalla se libra mediante la no revictimización y el compromiso de contar las historias con el contexto completo. Cristina Salmerón, periodista, feminista y actual directora editorial del medio digital *Chilango*, lo describe como "el visor de la perspectiva de género". En entrevista para este libro, Cristina asegura: "Nunca hay que dar por hecho lo que nos diga la autoridad. Eso, primero. Después hay que investigar más, no limitarnos a replicar lo que dicen otros medios: hay que hablar con las víctimas, los familiares, los abogados, los amigos, ampliar la información[...]. Además, está el tema de la victimización, muy relacionada con los prejuicios personales. Replicar cierta información de cierta manera crea en el imaginario público una víctima imperfecta y parece justificar el delito que sufrió".

Porque las palabras importan y en la historia de nuestro país sobran los ejemplos. Durante los primeros intentos que se hicieron para exigir el voto femenino en México, los constituyentes se encontraron, en la sesión ordinaria del 23 de enero de 1917, ante un problema de orden semántico. En la transcripción quedó plasmado de esta forma:

—El C. Palavicini: El señor Monzón no ha puesto atención probablemente, o no la he podido hacer clara.

—El C. Monzón: Sucederá ahora que podrá usted venir a defender el voto femenino... (risas)

—El C. Palavicini: El dictamen dice que tienen voto todos los ciudadanos: está el nombre genérico; esta misma redacción tenía la adición que existe en la Constitución del 57 y que se conserva hoy, y yo deseo que aclare la Comisión en qué condiciones quedan las mujeres y si no estamos en peligro de que se organicen para votar y ser votadas. Parece que no he podido hacerme entender del señor Monzón.[17]

Monzón y Palavicini siguieron discutiendo, en vano. Su punto de vista era exactamente el mismo: ambos estaban en desacuerdo con el sufragio femenino. La diferencia era que uno de ellos advertía una grieta en la legislación que les permitiría a las mujeres sublevarse, mientras que el otro consideraba imposible que el 52 por ciento de la población pudiera optar por la desobediencia. Y aunque Hermila Galindo había pedido el voto de las mujeres en el Congreso Constituyente de Querétaro apenas cinco días antes, la concreción de la reforma llegaría con más de tres décadas de retraso.

En nuestros días, la discusión sobre el lenguaje se ha vuelto mucho más álgida. A partir del momento en el que un grupo de personas buscó una forma para nombrarnos a todes, otro grupo se enojó categóricamente. "¡Hablen bien!", gritaban los segundos, aferrándose a los dictados de la Real Academia Española, como si el tiempo pudiera congelarse. Mexicanxs, mexicanas, mexicanos y mexicanes entraron de lleno en un debate que suma más de ocho años, al menos en la discusión pública generalizada. Se escribieron *papers*, textos, artículos, libros y manuales de lenguaje incluyente y no sexista. Aun así, la resistencia persiste entre un grupo

---

[17] *Diario de los Debates del Congreso Constituyente, 1916-1917.*

no menor de académicos y líderes de opinión que, por miedo al cambio o por simple conservadurismo, rechazan los intentos por abarcar a una mayor cantidad de personas en la forma en la que somos nombradxs. "Otros intentan impedir que se erijan los nuevos edificios", escribió Rebecca Solnit, "tienen más fortuna con las leyes que con la imaginación: es decir, impedir que las mujeres accedan al aborto resulta más fácil que impedir que piensen que tienen derecho a abortar".[18] La batalla, entonces, se edifica desde la construcción de lo posible.

María Lina Carrera, Natalia Saralegui Ferrante y Gloria Orrego-Hoyos, autoras de *Dicen que tuve un bebé*, tuvieron que elegir las palabras erradas para encontrar las historias que era necesario contar. "Empezamos a encontrar cosas como 'Horror en Corrientes: mata a su hijo de 18 semanas de gestación'", me dice Gloria. "Y te dabas cuenta de que no era un homicidio, era un aborto. Pero detrás de estas noticias, tenía que haber carátulas, carpetas de investigación".

Así fue como identificaron los 15 casos entre los que aún había siete mujeres que continuaban en prisión. Natalia, con quien hablé en julio de 2023, recuerda haber buscado las palabras "feto", "semanas" y "homicidio", las cuales deberían ser mutuamente excluyentes cuando se habla de una emergencia obstétrica, y, sin embargo, los resultados dejaban entrever la forma en la que esos casos se contaban en los medios de comunicación. A la hora de rastrear los expedientes, la imaginación volvió a tomar un papel protagónico: los casos describían delitos inexistentes, tales como "aborto seguido de homicidio", "aborto espontáneo" o, ya entrados en el surrealismo jurídico, "homicidio contra bebé varón".

---

[18] Solnit, *¿De quién es esta historia?*, op. cit., p. 12.

Las historias detrás del expediente eran las mismas que hemos visto una y otra vez en estas páginas: mujeres violentadas por el sistema judicial, sentenciadas por delitos que no cometieron y purgando condenas imposibles en condiciones inexplicables. Hombres que sentencian, hablan y decretan, pero rara vez son considerados a la hora de hablar de aborto, parto prematuro o emergencia obstétrica, aun en los casos en que el embarazo fue producto de una violación.

La investigación, finalmente, fue publicada en 2020 por Siglo XXI Editores. Fue, también, material de consulta obligada durante la discusión en el Congreso argentino que culminó con la promulgación de la Ley de Interrupción del Embarazo el 14 de enero de 2021. Poco tiempo después, el libro fue declarado de interés por la legislatura porteña y de la provincia de Buenos Aires: "Además de las modificaciones de la ley, fue muy fuerte saber que, mediante la literatura y la investigación, se puede ayudar a personas de carne y hueso", me dijo Natalia.

De ese momento a esta parte, algunas de las mujeres de las que da cuenta la investigación fueron liberadas. Otras no. Y en esa tensión que se teje entre los límites del aborto, el homicidio, los prejuicios y las mentiras, los avances nunca alcanzan a abarcarlo todo. En México, la discusión sobre la constitucionalidad de la prohibición absoluta de la interrupción del embarazo alcanzó al máximo tribunal de justicia. Era martes y el sol calentaba con rabia.

# INTERRUPCIÓN

"Para mí", dice Melissa Ayala, "escuchar esa sesión de la Suprema Corte de Justicia de la Nación fue lo que, para los aficionados, sería ver un quinto partido de México en un mundial de futbol". Luego sonríe.

Melissa tiene labios finos, ojos redondos, la sonrisa fácil —queda claro— y el pelo por los hombros, ligeramente despeinado, como si acabara de salir de la regadera o fuera corriendo hacia una cita impostergable. Es abogada, feminista, especialista en derechos humanos y género.

Desde 2021, Melissa funge como coordinadora de Documentación y Litigio de GIRE. Se encarga de elaborar las estrategias legales para los casos que la organización acompaña, coordinar a las abogadas del área y trazar las rutas de comunicación con las demás coordinaciones para lograr su objetivo, que es visibilizar, investigar, acompañar casos y tener incidencia en las políticas públicas del país, en materia de derechos reproductivos y sexuales de las mujeres.

La deliberación de la SCJN, que, a ojos de Melissa, fue un partido en el que además resultamos victoriosas, culminó el 7 de septiembre de 2021 y abarcó dos sesiones. Se estaba discutiendo la acción de inconstitucionalidad 148/2017, promovida por la entonces Procuraduría General de la República, en la que se demandaba la invalidez de algunas disposiciones del Código Penal de

Coahuila, que establecían penas de prisión a las mujeres que abortaran voluntariamente. En palabras simples y llanas, la discusión giraba en torno a una pregunta concreta: ¿es constitucional prohibir el aborto y penar a las mujeres que abortan?

Melissa recuerda haber visto la sesión, que comenzó a las 12:50, desde su casa, con una taza de café, un vaso de agua y tres dispositivos abiertos de forma simultánea: una computadora en la que podía seguir la discusión a través de la página oficial; una segunda computadora con el WhatsApp del trabajo abierto para seguir la plática frenética con sus compañeras, y, en la mano, un teléfono con el que fue narrando —en traducción simultánea del *abogañol* al español— las posturas de las y los ponentes.

Se necesitaban 8 de los 11 votos y no era tarea fácil. Mucho menos lo era seguir la discusión, en la que se acumulaban citas a los diferentes artículos del Código Penal, antecedentes jurídicos irrastreables para muchos ciudadanos de a pie y sentencias previas que abarcaban desde la SCJN hasta la Corte Interamericana de Derechos Humanos. "Esto sucedió cuatro años más tarde, cuando la Corte Interamericana resolvió el caso Artavia Murillo", señalaba la ministra Margarita Ríos Farjat, y muchas de nosotras nos apresuramos a consultar el antecedente en el buscador de la página de internet más usada de la última década.

Cualquiera que haya seguido alguna discusión de la SCJN —y que no sea abogado o experto en la materia— dará fe de que las ponencias son, en muchas ocasiones, inentendibles. En la primera ronda de intervenciones, donde los ministros fijan postura, se van dirimiendo los argumentos a cuentagotas. "Estoy de acuerdo en…", dice uno de los miembros del pleno, y parece que esa ministra o ese ministro acompañará el proyecto. Pero minutos más tarde empiezan las objeciones y entonces ya no se sabe si sí o si no.

# INTERRUPCIÓN

A esta incertidumbre comunicacional se suma otro elemento: el voto concurrente (con el que se apoya el proyecto, pero se difiere de la argumentación que el ponente usó para llegar a esa conclusión) y el voto particular (que difiere de la opinión de la mayoría y cuyas razones se insertan al final de la sentencia). En definitiva, seguir una discusión colegiada puede ser similar a ver una película en lengua extranjera sin subtítulos. La diferencia es que en esas discusiones la vida de miles de personas puede cambiar, para bien o para mal.

Aquel 7 de septiembre tomaron la palabra la ministra Margarita Ríos Farjat, el ministro Franco González Salas, el ministro Aguilar Morales —autor del proyecto— y el entonces ministro presidente Arturo Zaldívar. Los demás lo habían hecho en la primera sesión, que se extendió durante horas. El ministro Pardo Rebolledo, por su parte, estuvo ausente.

"Yo no podía creer lo que escuchaba", recuerda Melissa. "Oír a los ministros y las ministras decir que la criminalización absoluta del aborto es inconstitucional. Ver cómo el ministro Luis María Aguilar defendía con tanta pasión su proyecto. Se me ponía la piel chinita y decía: 'Esto se tiene que compartir'. Entonces, cada vez que hablaba un ministro o una ministra, trataba de compartirles a las personas interesadas los detalles, porque fue histórico".

El hilo de Twitter de Melissa tuvo más de 50 publicaciones y superó las 350 reacciones. Cerca de una hora después llegó el momento de la votación. Eran las 13:25 y el panorama era favorable: 10 de 10. Diez votos a favor del proyecto, muchos de ellos concurrentes. Las voces, unánimes, rechazaban la prohibición absoluta del aborto mientras las redes sociales se inundaban de fotos y videos de pañuelos verdes y, hay que decirlo, alguna que otra queja amarga.

Tristemente, para ese momento ya habíamos usado la palabra "histórico" para una gama tan amplia de sucesos más o menos irrelevantes que, ese 7 de septiembre, no se dimensionó lo suficiente. Era, sin embargo, el único calificativo que podía englobar lo que estaba ocurriendo: histórico. Un antecedente jurídico que será recordado y usado durante los próximos años en materia de derechos sexuales y reproductivos, un recordatorio constante de la obligación que todas las y los jueces del país deberán acatar al momento de emitir sus sentencias.

"Grité", me dice Melissa, quien aún sonríe al recordarlo. Su hijo, de apenas unos meses de nacido, estaba en una carriola durmiendo a su lado, hasta que el alboroto lo hizo abrir los ojos y emprender una de las acciones más añejas de nuestra especie: llorar. Así, entre meneos suaves en los brazos, lágrimas propias y ajenas, gritos y mensajes que llegaban a la velocidad de un rayo, Melissa presenció el momento en el que la justicia se asomó por arriba del águila, la serpiente y las franjas tricolor.

En los días siguientes, los medios de comunicación cubrieron sus espacios con entrevistas, personas expertas y opinadores compulsivos que intentaban explicar el alcance de la sentencia y cómo el voto de 10 personas se traduciría en la vida de millones de mujeres.

El optimismo, sin embargo, dura poco y da paso a la incertidumbre, la ambigüedad y la desesperanza. Como en esas fiestas en las que se pasa de ser la reina del baile a la resaca con dolor de cabeza y rímel embarrado. Si se está prestando atención, una mañana cualquiera sobrevendrá la misma pregunta, una y otra vez: ¿y ahora qué?

Pero antes: festejo, emoción, euforia, empatía, desborde, conmoción, fraternidad, despilfarro, alegría, lágrimas, risas.

Ya después: reflexión, duda, inquietud, contradicción, realidad, introspección.

Y después del después: enojo, decepción, tristeza. Ojalá, convicción y lucha. Tal vez, capitulación y apatía.

Y es que las sentencias, las leyes, los decretos y las reformas no se reflejan, necesariamente y de inmediato, en la realidad. Pueden pasar meses, años o décadas hasta que su cumplimiento sea, al menos, efectivo en algunas zonas del país.

Patricia Mercado, senadora, exsecretaria de Gobierno de la Ciudad de México (2015-2018) y feminista, me dijo en una entrevista que su generación había luchado para cambiar las leyes y que las próximas generaciones lo harían por el cambio sociocultural. Y, en efecto, para que las leyes permeen la realidad, tienen que pasar muchos años. Por ejemplo, aunque las modificaciones a la ley que permitió el divorcio en México fueron decretadas en 1914 y promulgadas en 1915, durante los primeros 20 años solo se llevaron a cabo 1 422 juicios. Para 1970, la tasa de divorcios llegó a 12 por cada 100 matrimonios. En 2021, esta cifra aumentó a 33 divorcios por cada 100 matrimonios.

Algo similar ocurrió con el voto femenino: si bien las mexicanas adquirieron derechos civiles y políticos con la promulgación del voto en 1953, fue recién en 1955 cuando se eligieron las cinco primeras diputadas federales. Y tuvieron que pasar nueve años más para tener a las dos primeras mujeres senadoras. En 2023, fecha de cierre de este libro, la paridad sustantiva en materia política aún tiene deudas pendientes.

El asunto, entonces, supera lo obtenido en el papel. A más de 16 años de la legalización de la interrupción del embarazo en la capital del país, hay grupos de creyentes que se juntan a rezar en las afueras de las clínicas donde se practican abortos, así como personal médico que maltrata a mujeres en los hospitales con el argumento de la "buena madre" como estandarte.

El camino que se deberá recorrer para que la sentencia del máximo tribunal de justicia de México se transforme en decisiones que protejan los derechos sexuales y reproductivos de las mujeres en el resto del territorio nacional aún es kilométrico. Y más si se tienen en cuenta los grupos de poder fácticos ligados a la religión y a los sectores más conservadores que invierten dinero y capital político para impedir cualquier avance en la materia. En 1989, por ejemplo, el presidente del Comité Nacional Pro Vida, A. C., Jorge Serrano Limón (quien años después sería acusado y sentenciado por peculado), importó a México un proyecto aterrador: clínicas falsas que, a través del engaño, convencen a las mujeres para que no se practiquen abortos. Por supuesto, su oferta al público no se hace en esos términos. Según su página de internet, el objetivo es "mostrar una opción de vida a quienes presentan un embarazo inesperado y se encuentran ante la encrucijada del aborto". En la realidad, las de Serrano Limón no son otra cosa que más de 70 clínicas falsas, distribuidas por todo México bajo el nombre de Centros de Ayuda para la Mujer (CAM), cuyos voluntarios estacionan sus camionetas frente a hospitales públicos que practican abortos, prometen ecografías gratuitas y convencen a las mujeres de recibir su apoyo. Pero con ese apoyo empieza el infierno. La periodista Yuriria Ávila documentó el modo de operar de esta y otras clínicas para *Los Angeles Times*.[1] A través de testimonios de las propias mujeres, Ávila reconstruye cómo los miembros

[1] Yuriria Ávila, "Estas clínicas en México intentan frenar los abortos engañando a las mujeres", *Los Angeles Times*, 19 de octubre de 2021. Disponible en https://www.latimes.com/espanol/mexico/articulo/2021-10-19/these-clinics-in-mexico-are-trying-to-stop-abortions-by-duping-women.

de CAM les transmiten ecografías falsas —videos en los que se aprecian gemelos o productos con más de cuatro meses de gestación— y las obligan a ver imágenes explícitas de abortos con música dramática de fondo. Las asustan, las amenazan y las presionan, siempre con el objetivo de hacerlas cambiar de opinión. Y, claro, a veces lo consiguen.

Al momento de la publicación de este libro, el aborto se ha legalizado en 12 de los 32 estados de la República: Ciudad de México, Aguascalientes, Oaxaca, Hidalgo, Veracruz, Baja California, Colima, Sinaloa, Guerrero, Baja California Sur, Coahuila y Quintana Roo. Todos lo permiten hasta la décimo segunda semana de gestación, a excepción de Sinaloa, que lo autoriza hasta la semana décimo tercera.

Pero, además de las reformas en el ámbito local, el 6 de septiembre de 2023, la SCJN analizó un amparo presentado por GIRE y votó por unanimidad que el apartado del Código Penal federal que criminaliza el aborto viola los derechos de las mujeres y personas gestantes. Asimismo, con una mayoría de tres votos, la SCJN ordenó eliminar el delito de aborto de dicho código. Esta sentencia tiene, a grandes rasgos, dos consecuencias inmediatas: no se puede castigar a ninguna mujer, persona gestante o personal de salud por el delito de aborto y las instituciones federales de salud —IMSS, ISSSTE, etc.— tienen que brindar el servicio de interrupción del embarazo a la persona que lo solicite.

Independientemente de las clínicas y hospitales que hoy ofrecen el servicio —y aquellas que tendrán que implementarlo a partir de esta sentencia—, decenas de organizaciones feministas acompañan a las mujeres que quieran interrumpir su embarazo con pastillas de forma segura. Porque, si bien la despenalización federal es un hecho histórico en el país que cambiará la vida de miles de mujeres, esta decisión no equivale a la despenalización nacional. Para ello, todas las entidades federativas deberían despenalizar la interrupción del embarazo en sus códigos estatales. Ante esto, son las activistas y colectivas feministas las que llenan los vacíos que deja el Estado.

Eso es lo que hace, precisamente, Valentina. Ella tiene el pelo largo y ondulado, la cara ovalada y la piel blanquísima. Es licenciada en Física por la UNAM. Vive en Ensenada, Baja California, e hizo su primer acompañamiento, vía telefónica, a la una de la madrugada con una mujer que eligió ese horario para que su esposo y su hijo no se enteraran. Estaba nerviosa. La combinación de misoprostol y mifepristona, que usan en la colectiva SiempreVivas, a la que Valentina pertenece, debería haber causado la expulsión unas tres horas después de la primera toma del misoprostol. Pero ya iban cuatro. Y nada. Cinco. Valentina marcó el número de una de sus compañeras, una de las que tenían más experiencia. "Ten paciencia, tranquilízala, todo va a estar bien", le dijo esa compañera, a quien llamaremos Andrea, del otro lado de la línea. Si ese momento fuera una metáfora, pienso, sería la encarnación gráfica de las redes de apoyo: una mujer que acompaña a otra mujer que busca a una mujer más para que la acompañe a acompañar. Un telar que se entrelaza desde la periferia. Uno de los tantos modos de la sororidad.

Valentina es voluntaria. Trabaja en una vitivinícola para solventar sus gastos. Así ocurre con la mayoría de las mujeres de la colectiva desde que iniciaron en 2018. Primero, como acompañantes para interrumpir embarazos. Después fueron sumando más tareas, entre las que están los proyectos de educación sexual para jóvenes —algunos en colaboración con el Instituto Nacional de las Mujeres—, la prevención de la violencia de género en escuelas y el acompañamiento en casos de violencia intrafamiliar. Con un celular que van rotando entre las compañeras, reciben llamadas de mujeres de todas las edades con los planteamientos más diversos: algunas quieren interrumpir su embarazo y llaman para pedir acompañamiento, otras solo quieren informes y otras más, adolescentes casi siempre, llaman para preguntar si la consecuencia de darle un beso a su novio puede concluir en un embarazo. "Muchas llaman a la línea porque la educación sexual que tuvieron es terrible", asegura Valentina, suspirando. "Nos llegan entre 20 y 30 llamadas al mes. Y, de esas, acompañaremos unas 10 o 15 interrupciones".

Las llamadas varían. Cuando imparten talleres en alguna secundaria o preparatoria, los días siguientes son de mucho trabajo. Lo mismo si reparten volantes en alguna movilización. Quisieran tener más difusión, dice Valentina. Y luego lo piensa mejor: "Aunque no sé si nos daríamos abasto... Somos muy poquitas". Esta es una realidad que se repite en las organizaciones de la sociedad civil mexicanas: poco dinero, pocas personas y mucha voluntad.

El presupuesto público destinado a ayudarlas —una de las formas en que las organizaciones sobreviven— ha disminuido en los últimos años. Mientras que, entre 2010 y 2018, se otorgaron un promedio de 2 179 millones de pesos en donaciones, para 2019 esta cifra bajó a 165 millones de pesos. Es decir, 81 por ciento menos. Así, todo queda en manos de voluntarios, socios y otras donatarias privadas; aunque estas últimas, normalmente, solo llegan a las organizaciones más grandes. El resto sobrevive como puede: rifas, campañas, proyectos para financiar los gastos. Alguna vez, el director de una organización de acompañamiento jurídico me confesó que se habían quedado sin dinero y se vieron obligados a dejar algunos casos. "Nos quedamos solo con uno", dijo. No es difícil deducir que ese caso era el que les representaba menos gastos. No necesariamente el más importante.

Sin embargo, el punto aquí es otro. Mientras los abortos, las emergencias obstétricas o los partos prematuros sigan siendo sentenciados como homicidios, la criminalización de las mujeres continuará. Continuará más allá del tiempo que tarde la sentencia de la scjn en permear las decisiones de jueces locales y las prácticas de instituciones de salud federales. Continuará más allá de las batallas que aún faltan para garantizar el aborto legal en todo el territorio mexicano y del retardo con el que el cambio sociocultural llegue a erradicar o, al menos, disminuir los prejuicios que derivan en alguna forma de violencia. Ahí comenzarán otras batallas.

# EPÍLOGO

Este texto empieza y termina en un mismo punto: un puñado de historias que buscan dimensionar el mundo entero que encierra cada noticia que escuchamos al azar y que casi siempre empieza con un: "fue arrestada la mujer que asesinó a su hijo". Un intento por entender las mil y una formas que adoptan la misoginia, el machismo, la impartición de la injusticia, los círculos de opresión, la desigualdad y la criminalización. Un mea culpa de la cantidad de veces que vemos para otro lado, cegadas por nuestros privilegios.

Termino este libro mientras el mundo siente que el riesgo de la pandemia, finalmente, ha pasado. Mientras mujeres de diferentes partes del mundo festejan los avances que las luchas feministas han conseguido, a pesar de la negación de los de siempre. Mientras las activistas, abogadas y defensoras salen, una vez más, a las calles a hacer el verdadero trabajo, el que casi nadie reconoce, el que genera cambios reales en la vida de las mujeres que tienen la suerte de cruzarse con ellas.

Lo termino, también, con una de las cifras más aterradoras en materia de violencia contra las mujeres: el 2022, batió récords en homicidios, violaciones, corrupción de menores y violencia familiar en México. Con ciento cuarenta y cuatro carpetas de investigación abiertas por aborto en el Estado de México, con ciento noventa y dos en Ciudad de México —a pesar de su legalización y narrativa de libertades y derechos— y con un aumento del

16.34 por ciento en las denuncias por aborto en el país, comparadas con el año anterior.

Sin embargo, hay verdades que horrorizan a la opinión pública y otras que no tanto.

En las noticias, los titulares de niñas y niños que viven violencia, los de millonarios que mueren en la implosión de un submarino, los de las estrellas de películas que cometen crímenes atroces, los de ataques terroristas en países que dicen ser del primer mundo —mientras explotan a los del tercero— o los de personas que lo pierden todo por un desastre natural escandalizan a espectadores y lectores por igual. Hay cierta fascinación que se construye alrededor de las calamidades de ciertas personas. No de todas. Amia Srinivasan explica, en su libro *El derecho al sexo*, que la campaña del #MeToo en Estados Unidos, que estalló en 2017, tomó su eslogan de una mujer que lo había usado más de 10 años antes: Tarana Burke, una activista contra la violencia hacia la población negra. "A las mujeres negras les molestó que les pidiesen ahora solidaridad con las blancas, cuando sus propias protestas contra el acoso sexual llevaban tanto tiempo siendo ignoradas",[1] escribió Srinivasan. Tenían razón. Esta suerte de indignación selectiva opera en todos los ámbitos, incluso en aquellos donde las demandas son justas y legítimas. Las personas ricas, famosas, blancas… las que son indiscutiblemente inocentes, las personas víctimas de atrocidades azarosas como la caída de un avión o el impacto de un huracán se vuelven, automáticamente, merecedoras de nuestra empatía y atención.

¿Por qué, entonces, podemos permanecer inmutables ante el asesinato de campesinas y campesinos, la desaparición de migrantes,

---

[1] Amia Srinivasan, *El derecho al sexo*, Barcelona, Anagrama, 2022, p. 273.

la violación de mujeres indígenas o la represión de estudiantes? ¿Por qué nos importa un carajo que a las mujeres las manden décadas a prisión por una emergencia obstétrica? Puede que la respuesta se halle en un complejo entramado que incluye desde la misoginia hasta el capitalismo. Hay, empero, una constante que se desprende en casi todos los casos: el paradigma de la víctima perfecta.

En 2022, seguí durante ocho meses el caso de un joven que había sido injustamente encarcelado en el Estado de México. Para ese momento, llevaba nueve años en prisión sin una sola prueba que sustentara su culpabilidad en el crimen que le imputaban. Una noche, después de varias notas en medios de comunicación y una extensa lucha por parte de su familia y su defensa legal, me llamó el abogado, para decirme que el joven había sido liberado. Entre agradecimientos y alegrías mutuas nos entrevistamos dos días después de su salida del reclusorio. Hablé nuevamente con su madre y escuché, en primera persona, lo que llevaba meses estudiando en el expediente y había reconstruido a través del relato de sus familiares. El joven me habló de la prisión y de la injusticia, de lo que había vivido, de las circunstancias ridículas y arbitrarias que lo habían llevado a permanecer más de un cuarto de su vida en los ocho metros cuadrados que abarcaba su celda en una de las prisiones más sobrepobladas del país. Entonces, mientras hablaba sobre las otras personas encarceladas —sus compañeros—, aseguró que parte del problema radicaba en las "feminazis". Ante mi asombro, describió con lujo de detalles lo que, a sus ojos, constituían denuncias falsas levantadas contra hombres de buena fe: violaciones, violencia intrafamiliar, acoso sexual. "Ya con que una mujer diga: 'Ese me violó', ya estás adentro", remató.

Su misoginia y desconocimiento de la forma en la que el sistema judicial trata a las mujeres víctimas de violencia no lo eximían de ser, él mismo, otra víctima. Nada cambiaba el hecho de que el joven había sido injustamente encarcelado y arbitrariamente sentenciado. Había sido yo, sin embargo, la que había recargado en él expectativas infundadas. Creía, erróneamente, que como el joven había sido víctima de un sistema injusto y desigual, comprendería las otras inequidades que operaban de forma sistemática e histórica en la sociedad. Lo cierto es que las personas que han sido víctimas de una injusticia o un delito no nos deben nada. O, como escribió Óscar Martínez:[2] "Ser víctima no es un color de piel con el que se nace y se muere; es una circunstancia que se padece. A veces, se es víctima; a veces, victimario". Sin embargo, mi sesgo es, también, el de muchas personas.

Por eso, en incontables ocasiones, si las mujeres no encajan en el paradigma de la víctima perfecta a los ojos del *statu quo,* a la mayoría de las personas le es indiferente su suerte o infortunio. Si no son castas, dóciles, buenas madres, fieles esposas, trabajadoras dedicadas, puede que se lo hayan buscado, puede que la injusticia tenga matices y, entonces, la indignación se vuelve selectiva. Y no es una selectividad aleatoria, no. Es, a todas luces, una selectividad que reproduce estereotipos de género y clase; una selectividad abiertamente discriminatoria.

Cuando liberaron a Aurelia, un periodista me preguntó: "¿Sabes que ella acuchilló al bebé?". La Fiscalía del estado les había filtrado a algunos medios de comunicación documentos y fotos explícitas de aquel día con la intención de que pararan la cobertura. Me pasé algunos minutos tratando de explicar que el bebé no era un bebé, que no sabemos qué ocurrió durante esas horas, mientras Aurelia se desangraba e intentaba cortar el cordón umbilical con

---

[2] Óscar Martínez, *Los muertos y el periodista*, Barcelona, Anagrama, 2021, p. 43.

un cuchillo, que las circunstancias eran extremas, que ni siquiera tenemos la certeza de que el no bebé —el feto, el producto—
hubiera nacido, en efecto, con vida. No sé si logré convencerlo.
Pero son esos pequeños detalles los que siempre terminan por ganar
en la narrativa mediática. Una madre asesina siempre será más re-
dituable que una mujer injustamente encarcelada. La primera fo-
menta el morbo y da argumentos a los defensores de los hombres
de buena fe. La segunda ocurre todo el tiempo, todos los días.
A casi nadie le importa.

Durante el periodo transcurrido mientras escribía los capítu-
los de este libro, conocí el caso de Diana. Una pequeña mención
en un medio digital de Veracruz me alertó: ellos escribieron
"aborto, aborto, aborto". Pero la escena describía, en realidad, una
pérdida gestacional provocada por una golpiza de su pareja. Diana,
una mujer de 29 años y madre de tres hijos, tuvo un parto prematuro en un supermercado de Oluta, al sur del estado, con seis
meses de gestación. El día anterior, había sido salvajemente golpeada. La Fiscalía, entonces, hizo lo único que sabe hacer: persiguió
a Diana hasta dar con ella, se negó a prestarle atención médica
y la ingresó en el Centro de Readaptación Social de Acayucan,
Veracruz. Si no fuera por la madre de Diana, a la que le diremos
Mercedes, nunca habría podido acceder a una valoración médica.
A pesar de ello, la Fiscalía la acusó de homicidio en razón de
parentesco.

Fueron días de llamadas entrecortadas por la mala señal. Yo
marcaba cinco veces, ellas contestaban una. Hablé con Mercedes,
con su cuñada y con Susana Corona, la abogada y activista que
acompañaba el caso. Mientras hacía los preparativos para viajar hasta Oluta, la historia empezó a cobrar vuelo en otros medios de comunicación. La cobertura, hecha desde el inicio por la periodista

veracruzana Sayda Chiñas, empezó a replicarse en periódicos de circulación nacional e internacional. La CNDH y la Comisión Estatal de Derechos Humanos de Veracruz se pronunciaron en contra de la detención y alertaron por la violación de los derechos fundamentales de Diana. Finalmente, la coyuntura jugó a su favor: el 7 de septiembre de 2021 la SCJN se pronunció sobre la inconstitucionalidad de la prohibición absoluta del aborto y el 18 de septiembre del mismo año, Diana fue liberada después de que un juez la declarara inimputable por tener cierto grado de discapacidad intelectual. Un evento y el otro no estaban relacionados más que en la coyuntura periodística. De hecho, la liberación de Diana no se correspondía con un acto de justicia, sino con una salida fácil para las autoridades incompetentes. Diana no fue declarada inocente. Solamente ordenaron su libertad por considerarla inimputable.

Cinco días después de la liberación de Diana, la fiscal del estado, Verónica Hernández Giadáns, fue consultada sobre el tema tras encabezar la guardia de honor por el 209 aniversario de la Independencia en Xalapa. Ante esto, evidenciando franca ignorancia o perversa ironía, respondió: "Lo importante es que ya está en libertad y goza de los derechos fundamentales. Se actuó con perspectiva de género".

Diana regresó a la vida que había dejado antes de ser injustamente encarcelada. Solo que ahora su rostro quedará anclado para siempre a un caso judicial, su nombre aparecerá durante años asociado a la palabra "aborto" en cada una de las búsquedas en internet. Cuatro meses le fueron arrebatados de su calendario para siempre y el duelo por la pérdida de su embarazo transcurrió mientras estaba recluida en el Cereso de Acayucan. Diana regresó a su vida previa al arresto, pero la vida, ahora, será incluso más difícil que antes.

Al igual que Diana, hubo otras mujeres cuyas historias conocí durante estos años. Recuerdo particularmente a Martha, la de
la sonrisa interminable, que había sido torturada por los médicos
del Hospital General de la zona 71 en Veracruz, después de haber
llegado con un aborto espontáneo en proceso. A ella, el personal
de enfermería se le acercó con un bulto entre los brazos. Una de
las enfermeras se paró frente a su cama, le puso el bulto junto al
rostro y disparó: "Pídele perdón". Entre las telas, estaba el producto que Martha había expulsado minutos antes. La tuvieron
durante horas en una camilla sin brindarle atención ni anestesia,
como una suerte de venganza por lo que las enfermeras creían que
Martha había hecho. Si la condena histórica es parir con dolor, la
social es abortar con suplicio.

Su historia, que fue publicada en la revista *Proceso* el 5 de enero de 2020, la reporté desde Guanajuato, lugar al que Martha se
había mudado con la intención de reconstruir su vida. Cuando
nos vimos, ella ya había retomado los estudios y acompañaba, en
sus tiempos libres, a mujeres que querían interrumpir su embarazo.

Si a Martha la hubieran acusado de homicidio en razón de
parentesco en lugar de aborto, la historia sería distinta. En esa
realidad paralela Martha habría, seguramente, enfrentado la cárcel. Habría perdido años de su juventud en una celda, se habría
enfrentado a un largo y tortuoso proceso judicial. No sé si aún
conservaría esa sonrisa.

Pero, además de los casos nuevos, estaban los nuevos detalles
de los casos, por contraste, viejos. Cuando Aurelia fue liberada,
yo ya había escrito su historia. Lo mismo pasó con Imelda, cuya
salida de prisión me la comunicó su madre, Zoraya, mediante un

mensaje de texto. En ambos casos, borré todo —o casi todo— y empecé de nuevo. Con Malena fue distinto. Hace algunas semanas —febrero de 2023—, Verónica Garzón me dijo que intentaría asumir su defensa para luchar por su liberación. No sé si eso ocurrirá pronto o, siquiera, si ocurrirá.

Pero, en realidad, escribo esto para decir que no sé cuándo hay que dejar de escribir. ¿Y si el caso de Malena avanza? ¿Y si en la visita que le haré a Dafne el mes próximo surge información nueva? ¿Cuándo hay que dejar de escribir? El texto, como la foto, se vuelve entonces un cuadro que solo es capaz de reflejar el momento exacto en el que fue escrito. Un instante detenido en el tiempo que quedará desactualizado inmediatamente. Y es que el acontecer no se detiene ante lo enunciado. Ni siquiera ante lo visible. Por cada caso que conocemos hay muchos otros que nunca alcanzarán las páginas de los periódicos ni los espacios en televisión. No alcanzan, tampoco, la atención de las autoridades que acumulan expedientes como si fueran a vender papel por kilo en una recicladora industrial.

En 2022, me enteré de otra joven que recorrió un camino similar al de Dafne, Malena, Imelda, Susana, Diana y Aurelia. En la localidad de Umán, Yucatán, una adolescente de 17 años tuvo un parto prematuro en el baño del bachillerato al que asistía. La historia no difiere, en esencia, de las ya relatadas: criminalización y abandono. Hoy la adolescente se enfrenta a un proceso penal por homicidio en razón de parentesco cuya máxima pena es de cinco años en un centro especial para adolescentes por ser menor de edad.

Quisiera, como hacen muchos, poder decir cuántas mujeres han sido acusadas en estas condiciones mientras usted leyó este libro. Quisiera decir, al menos, cuántas mujeres lo fueron en el tiempo que yo tardé en escribirlo. Quisiera, ya entrados en el verbo "desear", decir quiénes son, dónde están, si hay más hombres trans o personas no binarias con sentencia, cuántas son las menores de edad o en qué estados de la República ocurre con mayor frecuencia. Pero no tenemos ni eso. Sabemos que las hay. Y sabemos que las seguirá habiendo. Creo que con eso debería ser suficiente, suficiente desamparo como para poner el punto final.

# AGRADECIMIENTOS

Este libro es el resultado de una pregunta que se incrustó en la boca de mi estómago, como un golpe seco, en 2019, mientras comenzaba la maestría en Periodismo sobre Políticas Públicas en el Centro de Investigación y Docencia Económicas (CIDE): ¿cómo funciona la trama de la criminalización del aborto en México? A partir de esta, vinieron muchas otras, más específicas, más complejas, más difíciles de responder, que acabaron plasmadas en la tesis *Para el Estado son asesinas*, que contó con el acompañamiento de Guillermo Osorno, Claudia Maldonado y la Fundación Legorreta Hernández. Sin mis compañeros y docentes de aquel momento, jamás me hubiera atrevido a seguir hurgando en ellas.

Este libro existe gracias a Karen Villeda, la eterna cómplice de este proyecto. Gracias por soportar mis neuras y mis dudas y acompañar, con la paciencia de quien cuida un objeto frágil, cada paso de este texto. Gracias a Xanic Galván por captar, entre trazos, la esencia de un problema que no siempre puede enunciarse con palabras. Gracias, también, a Daniela Rea por aceptar escribir el prólogo de este libro y por sus generosas y siempre atinadas líneas. A Emiliano Ruiz Parra y a Eileen Truax por ayudarme, antes que nadie, a ponerles orden a las ideas dispersas. A Ricardo Raphael, Emiliano Monge, Luisa Cantú y Ramiro De Maio por sus comentarios, solidarios y lúcidos, sobre el manuscrito de este libro. A Maurizio Montes de Oca por ser guía, amigo y ejemplo en este viaje.

Sin mis amigos, amigas, colegas y familiares, seguiría, probablemente, enredada en los confines del síndrome del impostor: ustedes son la red de cuidados más importante, cariñosa y resistente del mundo, de mi mundo. A mi abuela y a mi madre por ser matria: gracias.

Este libro no sería posible sin la confianza y el trabajo de Eloísa Nava y todo el equipo de Penguin Random House, cuya brújula fue fundamental para que el texto llegara a buen puerto.

Pero, sobre todas las cosas, este libro es el resultado de las múltiples respuestas que colectivas, organizaciones, activistas y diversas mujeres dieron a aquella pregunta original. A Verónica Garzón, Verónica Cruz, Ximena Ugarte, Marion Arrioja y Dalila Sarabia les agradezco, desde lo más profundo del corazón y con eterna admiración, su solidaridad y confianza. A todas y cada una de las personas que perseguí durante meses con preguntas: gracias. A las mujeres y familiares que me abrieron la puerta de sus casas y compartieron conmigo sus historias y experiencias les debo todo. Este libro, en realidad, es de ellas.

A las mujeres que luchan, a las mujeres que resisten. A Dafne, Imelda, Malena, Susana y Aurelia.

# DIRECTORIO

Estas son algunas de las organizaciones, colectivas y asociaciones que trabajan dando acompañamiento, información, investigación, incidencia o promoción sobre derechos sexuales y reproductivos de las mujeres.[1]

## Artesanas de Paz y Justicia (SIWA)

SIWA es un espacio *onlife* feminista donde se brinda acompañamiento jurídico, mediático y político. Trabaja para atender, prevenir y erradicar la violencia y construir paz a través de la colaboración.

Contacto: siwapazyjusticia@gmail.com

## Artículo 20

Movimiento anticarcelario de mujeres injustamente presas.

Contacto: colectivarticulo20@gmail.com

## Católicas por el Derecho a Decidir

Movimiento de personas feministas católicas, comprometidas con la defensa de los derechos humanos, particularmente los vinculados a la sexualidad y reproducción humana, y a una vida libre de violencias de género y discriminación. Promueve la laicidad del Estado, la justicia social y las transformaciones culturales desde

---

[1] La lista es enunciativa y no pretende excluir a otras colectivas u organizaciones de la sociedad civil. Está elaborada con base en información pública y publicada.

189

la mirada de las teologías progresistas y con un enfoque feminista interseccional. Nacional.

Contacto: contacto@cddmx.org

### CEA Justicia Social

Equipo multidisciplinario con formación y experiencia técnica para diseñar, ejecutar, monitorear y evaluar proyectos y políticas públicas de reinserción social, así como proyectos sociales para la formación de redes comunitarias de personas liberadas. Nacional.

Contacto: www.ceajusticiasocial.org

### DDESER. Red por los Derechos Sexuales y Reproductivos de las Mujeres

El objetivo de la DDESER es defender y promover los derechos sexuales y reproductivos de las mujeres e impulsar el acceso a los servicios de aborto legal en México, a través de la formación y capacitación de mujeres líderes y promotoras y promotores juveniles en comunidades urbanas, rurales e indígenas.

Contacto: contacto@ddeser.org

### Equifonía. Voces por la Libertad

Organización que trabaja para diseñar y establecer estrategias innovadoras en salud, seguridad y justicia para el reconocimiento, goce y ejercicio de los derechos de las mujeres. Veracruz.

Contacto: equifoniaddhh@gmail.com

### EQUIS Justicia para las Mujeres

Organización feminista que, desde 2011, busca transformar las instituciones, leyes y políticas públicas para mejorar el acceso a la justicia para todas las mujeres.

Contacto: equis@equis.org.mx

# DIRECTORIO

## Fondo María

El Fondo de Aborto para la Justicia Social María (Mujeres, Aborto, Reproducción, Información y Acompañamiento) brinda apoyo financiero, emocional y logístico a mujeres que no cuentan con recursos suficientes para poder acceder a los servicios de aborto legal disponibles en la Ciudad de México. CDMX.

Contacto: 55 5243 5054 y 800 832 7311, lunes a jueves de 10:00 a. m. a 04:00 p. m.

## Grupo de Acción por los Derechos Humanos y la Justicia Social, A. C.

Organización de la sociedad civil sin fines de lucro enfocada a la promoción, difusión, formación, investigación y defensa integral de los derechos humanos. Desde una perspectiva de género y feminista, trabaja por el acceso a la justicia principalmente de las mujeres, niñas y personas defensoras de derechos humanos.

Contacto: www.grupodeaccion.com

## Grupo de Información en Reproducción Elegida (GIRE)

Organización feminista y de derechos humanos que trabaja para que las mujeres y otras personas con capacidad de gestar puedan ejercer sus derechos reproductivos. Áreas: incidencia en legislación y políticas públicas, acompañamiento de casos, investigación y comunicación. Nacional.

Contacto: 55 5658 6684

Para acompañamiento de casos: sduran@giremx.org.mx

## Instituto Mexicano de Derechos Humanos y Democracia, A. C. (IMDHD)

Organización civil que impulsa vínculos y encuentros con diversos actores sociales, políticos, académicos y civiles para generar propuestas e iniciativas con el fin de lograr el respeto y fortalecimiento de los derechos humanos desde una perspectiva integral, así como promover los principios de la democracia sustantiva.

Contacto: imdhd@imdhd.org

## Ipas México

Organización no lucrativa que trabaja para asegurar que todas las mujeres puedan elegir sobre su reproducción en todo el país. Nacional.

Contacto: ipasmexico@ipas.org

## La Cana

Este es un proyecto social que busca crear oportunidades de trabajo para mujeres en prisión, mediante programas y talleres que tengan como objetivo su desarrollo personal, así como el trabajo y la capacitación para el mismo, con el fin de promover un proceso de reinserción que contribuya a reducir los índices de reincidencia y delincuencia en el país.

Contacto: www.lacana.mx

## Las Libres

Organización feminista fundada en el año 2000 para promover y defender los derechos humanos de las mujeres, exigir el cumplimiento y garantía de todos los derechos para todas las mujeres del estado de Guanajuato y de todo el país. Guanajuato.

Contacto: atencion@laslibres.org.mx y 52 473 731 0522.

## Marea Verde México

Esta organización trabaja por un México más seguro y justo para todas.

Contacto: mareaverdemx@gmail.com

# DIRECTORIO

## Morras Help Morras

Colectiva feminista que trabaja en, por y para la periferia. Los bordes son su lugar de enunciación; las transversales de clase y racialización, su brújula política, y las *outsiders*, el sujeto político de su feminismo. Buscan la emancipación sexual, reproductiva, económica, política y cultural de las mujeres que habitan en las periferias.

Contacto: 449 148 69 45 (WhatsApp)

www.morrashelpmorras.org.mx

## Red Guerrerense por los Derechos de las Mujeres

Red de diversas organizaciones y activistas guerrerenses en favor de los derechos de las mujeres. Impulsoras de la despenalización del aborto en Guerrero.

Contacto: redmujeres.gro@gmail.com

## SiempreVivas

Red de acompañamiento autónomo.

Contacto: @siemprevivas.mx

# GLOSARIO

**Abandono agravado por el vínculo**: delito en el que se sanciona con mayor pena por la relación que existe entre la persona que, teniendo la obligación de cuidar a un familiar que no puede valerse por sí mismo, lo abandona. Cada entidad federativa define en su legislación penal las relaciones familiares que este delito abarca.

**Aborto con medicamentos:** uso de medicamentos para interrumpir el embarazo. Los medicamentos utilizados son la mifepristona y el misoprostol combinados o el misoprostol solo. Ambos métodos son avalados y recomendados por la Organización Mundial de la Salud (oms) y organismos especializados, nacionales e internacionales como la Federación Internacional de Ginecobstetricia (figo).

**Aborto espontáneo:** pérdida espontánea de un embarazo antes de las 24 semanas de gestación, antes de que el feto sea normalmente viable fuera del útero. Los signos clínicos del aborto espontáneo son hemorragia vaginal que cursa generalmente con dolor abdominal y calambres. Si el embrión ha sido expulsado, el aborto espontáneo se denomina "completo" o "incompleto", dependiendo de si quedan o no tejidos retenidos en el útero.

**Aborto inducido:** interrupción del embarazo mediante medicamentos o intervenciones quirúrgicas.

195

**Aborto por aspiración endouterina (AMEU):** consiste en la evacuación del contenido del útero a través de una cánula flexible conectada a una fuente de vacío que se introduce en el cuello uterino.

**Aborto:** terminación, espontánea o inducida, de un embarazo antes de las 22 semanas completas de gestación o cuando el producto pesa menos de 500 gramos.

**Criminalización absoluta del aborto:** decisión del Estado de penalizar la interrupción de un embarazo, inducida en cualquier momento de la gestación y bajo cualquier circunstancia, y sancionar a la persona que lo consiente o induce, así como a la persona o profesional de la salud que la asiste.

**Criminalización del aborto:** decisión del Estado de penalizar la interrupción del embarazo en algunas circunstancias y sancionar a la persona que consintió o indujo la interrupción y a la persona o profesional de la salud que la asistió.

**Criminalización:** decisión de una entidad federativa de definir una acción u omisión como un delito y establecer sanciones de naturaleza penal que le correspondan a través de su legislación.

**Delito de aborto:** en México, cada estado, a través de su legislación penal, define el delito de aborto. Generalmente se define como "la muerte del producto de la concepción en cualquier momento del embarazo", con excepción de los códigos penales de Quintana Roo, Baja California Sur, Guerrero, Colima, Baja California, Veracruz, Hidalgo, Oaxaca y Ciudad de México, que definen el aborto como "la interrupción del embarazo después de la décimo segunda semana de gestación"; mientras que, en Sinaloa, el delito se denomina "interrupción del embarazo" y se define como "finalizar de forma anticipada el proceso de gestación, después de la décima tercera semana".

Además, cada estado, a través de su legislación penal, define las situaciones o causales en las que es legal que las personas soliciten y accedan a un aborto seguro en sus territorios. Tal y como lo muestra la tabla 1 de la siguiente página, hay estados del país que establecen más supuestos de legalidad del aborto que otros, por lo que se pueden identificar contextos más liberales o menos restrictivos que otros. Por ejemplo, hay estados que contemplan dos causales, existen otros que excluyen la responsabilidad del delito de aborto en hasta seis supuestos.

En este contexto, el delito de aborto son los escenarios en los que las personas soliciten y accedan a un aborto fuera de las situaciones que autoriza la legislación penal.

**Delitos relacionados al aborto**: delitos por los que se sanciona a una persona que, estando embarazada, tuvo un aborto de forma espontánea o intencionada en edad gestacional avanzada, por lo que la potencial viabilidad del producto es percibida como un elemento que agrava la conducta y en la que se reconoce una relación de parentesco y responsabilidad de cuidado entre la persona embarazada y el producto. Por lo tanto, la conducta se clasifica con delitos distintos del aborto y de mayor penalidad. Por ejemplo, omisión de cuidados, homicidio, homicidio agravado, homicidio agravado por razón de parentesco consanguíneo u homicidio en razón de parentesco.

**Derechos reproductivos:** forman parte de los derechos humanos que protegen la decisión libre sobre tener o no hijos, el espaciamiento de los nacimientos y a disponer de la información y de los medios para ello, así como el derecho a alcanzar el nivel más elevado de salud durante estos procesos.

**Dolo:** voluntad y conciencia de un sujeto para realizar una acción que provoque un perjuicio a otra persona.

197

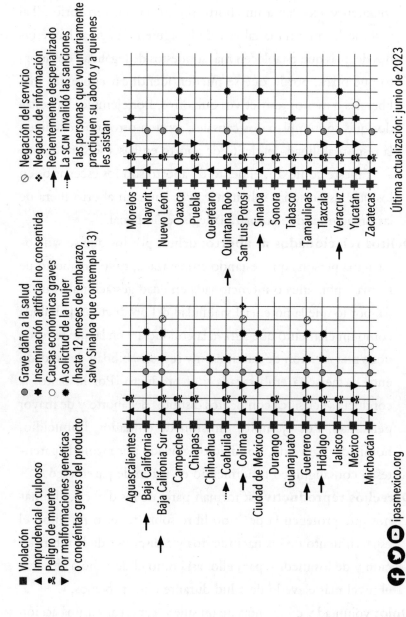

**Leyenda:**

- ■ Violación
- ◀ Imprudencial o culposo
- ✂ Peligro de muerte
- ▶ Por malformaciones genéticas o congénitas graves del producto
- ● Grave daño a la salud
- ✱ Inseminación artificial no consentida
- ○ Causas económicas graves
- ⬤ A solicitud de la mujer (hasta 12 meses de embarazo, salvo Sinaloa que contempla 13)
- ⊘ Negación del servicio
- ❖ Negación de información
- ↑ Recientemente despenalizado
- ⋯ La SCJN invalidó las sanciones a las personas que voluntariamente practiquen su aborto y a quienes les asistan

Aguascalientes, Baja California, Baja California Sur, Campeche, Chiapas, Chihuahua, Coahuila, Colima, Ciudad de México, Durango, Guanajuato, Guerrero, Hidalgo, Jalisco, México, Michoacán

Morelos, Nayarit, Nuevo León, Oaxaca, Puebla, Querétaro, Quintana Roo, San Luis Potosí, Sinaloa, Sonora, Tabasco, Tamaulipas, Tlaxcala, Veracruz, Yucatán, Zacatecas

ipasmexico.org

Última actualización: junio de 2023

**Tabla 1. Causales de aborto legal en México.**

**Emergencia obstétrica:** estado de salud que pone en peligro la vida de la mujer y/o al producto; requiere atención médica y/o quirúrgica de manera inmediata.

**Feminicidio:** delito por el que se sanciona a la persona que priva de la vida a una mujer por razón de género. Cada entidad federativa, a través de su legislación penal, define las situaciones que se consideran razón de género. En general se contemplan la presencia de determinadas lesiones, violencia en diversos ámbitos, relaciones de parentesco por consanguinidad o de confianza, relaciones jerárquicas, de poder o subordinación, violencia política, privación de la libertad, estado de indefensión y características sobre el hallazgo del cuerpo o los restos de la víctima.

**Filicidio:** delito por el que se sanciona a una persona que priva de la vida a su hija o hijo con conocimiento de la relación. Cada entidad federativa, a través de su legislación penal, define la denominación de esta conducta frente al derecho penal. En general se contempla como homicidio en razón de parentesco u homicidio agravado por parentesco.

**Homicidio agravado o calificado:** delito por el que se sanciona a la persona que priva de la vida a otra con alguna agravante. Cada estado, a través de su legislación penal, define las situaciones que se consideran agravantes o calificantes, pero en general consideran la premeditación, la ventaja, la alevosía o la traición.

**Homicidio agravado por razón del parentesco:** delito por el que se sanciona a la persona que priva de la vida a otra con una mayor punibilidad por tener una relación de parentesco con la persona a quien se le privó de la vida. Cada estado, a través de su legislación penal, define las relaciones familiares que este delito abarca

**Homicidio doloso:** delito por el que se sanciona a una persona que priva de la vida a otra de forma intencionada.

**Homicidio en razón de parentesco:** delito por el que se sanciona a la persona que priva de la vida a su madre/padre o hija/hijo, hermana/hermano, cónyuge, conviviente, concubina/concubino, con conocimiento de esa relación. Cada entidad federativa, a través de su legislación penal, define las relaciones familiares que este delito abarca.

**Infanticidio:** delito por el que se sanciona al padre o la madre que priva de la vida a su hija o hijo dentro de las setenta y dos horas posteriores al nacimiento. Este delito contempla penas menores que el homicidio.

**Interrupción del embarazo:** término para referirse a un aborto.

**Interrupción legal del embarazo:** refiere tanto al derecho humano garantizado a las mujeres por diversas leyes como al servicio médico al que toda mujer tiene derecho si desea interrumpir el proceso de gestación.

**Interrupción voluntaria del embarazo:** derecho de las víctimas de violencia sexual de acuerdo con la Ley General de Víctimas y la NOM-046-SSA2-2005 Violencia familiar, sexual y contra las mujeres. Criterios para la prevención y atención.

**Objeción de conciencia:** la Suprema Corte de Justicia de la Nación (SCJN) la define como el derecho individual del personal médico y de enfermería que participe directamente en la provisión del aborto, para negarse a realizarlo porque se opone a sus convicciones religiosas, ideológicas, éticas o de conciencia. Además, algunas entidades federativas, a través de sus legislaciones locales de salud, han regulado la objeción de conciencia estableciendo limitaciones que respetan el criterio de la SCJN.

**Omisión de cuidados:** delito que sanciona a la persona que, teniendo la obligación de cuidar a otra sin capacidad para valerse por sí misma, la abandona. Cada entidad federativa, a través de su legislación penal, define las personas que este delito abarca, pero en general abarca personas menores de edad, enfermas, adultas mayores o incapaces de cuidarse por sí mismas.

**Pacto patriarcal:** acuerdo tácito o expreso entre hombres que permite la reproducción de la desigualdad de género e, incluso, admite acciones violentas hacia las mujeres.

**Parricidio:** delito que sanciona a una persona que priva de la vida a un familiar con conocimiento de la relación. Generalmente se acota a la madre, el padre, la abuela o el abuelo. Sin embargo, cada estado, a través de su legislación penal, define las relaciones familiares que este delito abarca. En algunas entidades federativas se abarcan a hijas/hijos, tías/tíos y sobrinas/sobrinos.

**Parto fortuito:** término utilizado para describir el parto que ocurre fuera de las instalaciones médicas destinadas a la atención obstétrica, y que se da de manera repentina e inesperada.

**Peritaje psicológico:** prueba cuyo objeto es conocer la situación psicológica de las partes de un juicio.

**Perspectiva de género:** refiere a la metodología y a los mecanismos que permiten identificar, cuestionar y valorar la discriminación, desigualdad y exclusión de las mujeres, así como las acciones que deben emprenderse para actuar sobre los factores de género y crear las condiciones de cambio que permitan avanzar en la construcción de la igualdad de género.

**Producto en gestación:** embrión posimplantatorio o feto, de acuerdo con la etapa del embarazo.

**Violencia de género:** actos dañinos dirigidos contra una persona o un grupo de personas debido a su género. Tiene su origen en la desigualdad de género, el abuso de poder y la existencia de normas dañinas. El término se utiliza principalmente para subrayar el hecho de que las diferencias estructurales de poder, basadas en el género, colocan a mujeres y niñas en situación de riesgo frente a múltiples formas de violencia. Si bien las mujeres, las adolescentes/jóvenes y niñas sufren violencia de género de manera desproporcionada, los hombres, los adolescentes/jóvenes y los niños también pueden ser blanco de ella.

**Violencia intrafamiliar:** acto u omisión, único o repetitivo, cometido por un miembro de la familia en contra de otro u otros integrantes de esta, sin importar si la relación se da por parentesco consanguíneo, de afinidad, o civil mediante matrimonio, concubinato u otras relaciones de hecho, independientemente del espacio físico donde ocurra.

## Fuentes

Código penal federal
Código penal del estado de Chihuahua Código penal para el estado de Colima
Código penal para el estado libre y soberano de Durango
Código penal para el estado de Nayarit
Código penal de Coahuila de Zaragoza Código penal para el estado de Zacatecas
Código penal para el estado libre y soberano de Oaxaca
Instituto Nacional de las Mujeres (Inmujeres), Modelo de tipo penal de feminicidio

GLOSARIO

Ley de Salud del estado de Sinaloa
Ley de Salud Pública para el estado de Baja California
Ley de Salud del estado de Baja California Sur
Ley de Salud del estado de Colima
Ley de Salud para el estado de Hidalgo
Ipas LAC, Material de apoyo para el acompañamiento del aborto.
1. Antes de un aborto. 2021. Disponible en: https://ipaslac.
org/documents/IpasLAC2022-AcompanamientoAborto1.pdf.
Ipas CAM, Aspectos básicos del género. Tomo II: De la teoría a la
acción en salud sexual y salud reproductiva de adolescentes,
2021. Disponible en: https://ipasmexico.org/pdf/DeLaTeo
riaAccionSSyRAdolescentes/IpasCAM2021-Tomo2-Digi
tal.pdf.
Consejo Nacional de la Población (Conapo). Violencia en la familia, 2012. Disponible en: https://www.gob.mx/conapo/accio
nes-y-programas/violencia-en-la-familia.
Comisión Nacional para Prevenir y Erradicar la Violencia Contra
las Mujeres (Conavim), ¿Qué es la perspectiva de género y por
qué es necesario implementar?, 2022. Disponible en: https://
www.gob.mx/conavim/articulos/que-es-la-perspectiva-de-
genero-y-por-que-es-necesa rio-implementarla.

*Fortuito* de Luciana Wainer
se terminó de imprimir en el mes de febrero de 2024
en los talleres de Diversidad Gráfica S.A. de C.V.
Privada de Av. 11 #1 Col. El Vergel, Iztapalapa,
C.P. 09880, Ciudad de México.